读客中国史入门文库

顺着文库编号读历史,中国史来龙去脉无比清晰!

明朝
为何说亡就亡

从党争、财政、流民、外敌……讲透明朝灭亡的真正原因!

方志远 著

山西人民出版社

图书在版编目（CIP）数据

明朝为何说亡就亡 / 方志远著. —— 太原：山西人民出版社，2023.9
ISBN 978-7-203-12970-7

Ⅰ.①明… Ⅱ.①方… Ⅲ.①中国历史 – 明代 – 通俗读物 Ⅳ.①K248.09

中国国家版本馆CIP数据核字(2023)第132057号

明朝为何说亡就亡

著　　者：方志远
责任编辑：高　雷
复　　审：郭向南
终　　审：武　静
特约编辑：刘笑月　王霁钰　丁　虹
特约设计：陈　晨

出 版 者：山西出版传媒集团·山西人民出版社
地　　址：太原市建设南路21号
邮　　编：030012
发行营销：读客文化股份有限公司
天猫官网：https://sxrmcbs.tmall.com　电话：0351-4922159
经 销 商：山西出版传媒集团·山西人民出版社
承 印 厂：三河市龙大印装有限公司

开　　本：880mm×1230mm　　1/32
印　　张：6.75
字　　数：135千字
版　　次：2023年9月　第1版
印　　次：2023年9月　第1次印刷
书　　号：ISBN 978-7-203-12970-7
定　　价：45.00元

如有印刷、装订质量问题，请致电010-87681002（免费更换，邮寄到付）
版权所有，侵权必究

自　序

这本小书的出版，是一个完全意外的收获。我没有写日记的习惯，但对于时间、地点、人物、事件，还是有一种本能的记忆的。应该是在2021年10月，我被"贝尚智库"的小友何华锋推上B站，做了一个点评历史剧的系列视频，引起不少朋友的关注和讨论。后来我才知道，他是醉翁之意不在"剧"，真正目的是希望和我做一个关于"大明之亡"的系列视频。当时，由于手上工作比较多，我本能地选择了谢绝，但是后来被他们的行动感动了。2021年和2022年之交的冬天，我住在广东惠州的富力湾。何华锋带着他的团队和设备，于2022年1月15日从上海杀奔而来，又邀请了"东楼小官人"助阵，再次邀请我合作。不忍心谢绝朋友的好意是我的优点，也是弱点。于是，犹如十多年前被推上《百家讲坛》一样，我这次又被推上了B站的"贼船"。

对于明朝的灭亡，我和许多朋友一样感到惋惜。当然，我的惋惜，更大程度上不是惋惜"明朝"，而是惋惜"明代"：

崇仁学派、余干学派、江门学派、阳明学派、泰州学派，名儒吴与弼、陈献章、王守仁，"异端"王艮、颜钧、何心隐；"前后七子""江南四大才子"，台阁派、公安派、竟陵派，放眼多是"传奉官"，满街都是"马尾裙"；西天佛子、大藏法王，北京处处是"番僧"；大同婆娘、蔚州城墙、宣府教场、朔州营房，山海关、居庸关、嘉峪关，赤斤卫、沙州卫、哈密卫；《山坡羊》《打枣枝》《五更寒》，民歌、时调、小唱，《水浒传》《三国演义》《西游记》《金瓶梅》，"珍珠衫""卖油郎""金玉奴""倒运汉"；形形色色的思想家、文化人，富商、巧匠、名妓，山人徐渭、乐新炉、陈继儒，"洋僧"利玛窦、汤若望、南怀仁，基督徒徐光启、李之藻、杨廷筠；"西洋镜""万国图"，洋人的书、洋人的炮、洋人教师。林林总总，光怪陆离，使人目不暇接。自由之风、东西之学，犹如润物之和风细雨，细致入微。

开放的社会、好玩的时代，随着明朝之亡而逝。那么，明朝为何说亡就亡，明代为何说逝就逝？许多朋友关心这个问题，所以B站希望我来解释这个问题，何华锋希望促成这件事情。

如果把明朝作为一个个案，那么，这个个案向我们展示了，

自 序

如果不是通过改朝换代，而是保持在一个政权的稳定统治之下，社会的多元化是如何在经济、文化发展的推动下，在与政治权力的相互作用下自发产生的，以及在这个多元化的社会进程中，国家的主导作用是如何逐渐弱化并最终缺失的。曾经有过"郑和下西洋"壮举的明朝，为什么会和"大航海时代"失之交臂？社会的多元化为何没有能够使明代社会转型，并发展至更高级的阶段，却导致了社会的涣散和政权的败亡？是哪些因素使得明朝政府在社会的多元化进程中选择"以不变应万变"，并且一步一步陷于被动？为何这一时期一方面是明代社会多元化的进一步发展，另一方面却是明朝政权的逐步瓦解，最终走向崩溃？

根据自己四十多年学习和研究明代史的体悟，并参照其他学者的研究及网络上朋友们的讨论，我列出了十个题目，试图通过它们对"明朝之亡"进行分析：

明朝之亡是亡于万历还是亡于崇祯？是亡于宦官还是亡于文官？是亡于东林还是亡于阉党？是亡于无钱还是亡于无兵？是亡于"流贼"还是亡于女真？是亡于天灾还是亡于人祸？是亡于藩府还是亡于富户？是亡于海外白银还是亡于国内加派？是亡于社会开放还是亡于政府封闭？最后，明朝之亡是"亡国"还是"亡天下"？

事实上，不管我们怎么努力，不管我们多么想从整体上描述一段历史，我们所能研究的问题，永远只是历史长河中的某些片段，甚至可能只是碎片。我们所能做的，只有尽可能地选择自己认为可能表现整体的一些片段或碎片。

感谢"读客文化"和刘笑月小友，他们和"贝尚智库"共同推动了本书内容从视频到文字的转化，也使这本小书得以和读者朋友们见面。同时，由于本书内容是由视频转化到文字的，其间缺乏推敲，失误或许难免，敬请批评。

方志远

2023年3月31日

江西南昌艾溪湖畔

目 录

第一章　明朝之亡是亡于万历还是亡于崇祯？ / 001

第二章　明朝之亡是亡于宦官还是亡于文官？ / 029

第三章　明朝之亡是亡于东林还是亡于阉党？ / 053

第四章　明朝之亡是亡于无钱还是亡于无兵？ / 075

第五章　明朝之亡是亡于"流贼"还是亡于女真？ / 095

第六章　明朝之亡是亡于天灾还是亡于人祸？ / 117

第七章　明朝之亡是亡于藩府还是亡于富户？ / 131

第八章　明朝之亡是亡于海外白银还是亡于国内加派？ / 149

第九章　明朝之亡是亡于社会开放还是亡于政府封闭？ / 167

第十章　明朝之亡是亡国还是亡天下？ / 187

第一章

明朝之亡是亡于万历还是亡于崇祯？

第一章　明朝之亡是亡于万历还是亡于崇祯？

通常讲明史，都是按时间顺序：先是太祖、成祖，然后仁宗、宣宗，接着英宗……然而，近年来有越来越多的人对"明朝为什么灭亡"这个问题更感兴趣。

很多年轻的"明粉"对汉人建立的最后一个皇朝有比较深厚的感情，他们觉得，这么好的明朝，为什么说亡就亡了？

还有一些朋友勉强属于"明黑"，他们觉得明朝的问题太多：文官有问题，武官有问题，皇帝有问题，宦官有问题，到处都是问题。有些人甚至认为，明朝不亡，哪里有清朝那么大的疆域？它真应该亡，不亡都没有天理。

但是，无论是"明粉"还是"明黑"，大家都很关心"明朝为何会亡"这个问题。基于这个原因，在这本书里我们不按时间顺序讲明史，而是讨论"明朝为何会亡"的问题。

那么首先需要解决的问题就是，明朝之亡，是亡于万历还是

明朝为何说亡就亡

亡于崇祯？

答案似乎非常明显，明朝就是在崇祯皇帝在位时期亡的，怎么又亡于万历皇帝了？实际上，从历史进程的角度来看，明朝的灭亡有一个过程；而从个人作用的角度来看，到底是崇祯皇帝的责任更大，还是万历皇帝的责任更大，不同人有不同的看法。清朝所修的《明史》中有一句著名的话："明之亡，实亡于神宗。"这不仅仅是清朝人的看法，更是明朝遗老遗少们的看法。甚至在万历后期，有识之士就已经普遍对明朝的前途感到担忧了。这就是我们首先要讨论明朝是亡于万历还是亡于崇祯的原因。

说到崇祯皇帝，坦率地说，我对他抱有诸多同情，因为他是明朝历史上最具有悲剧性的三位帝王之一。

这三位悲剧性帝王都是谁呢？

第一位是明代宗朱祁钰。"土木之变"中，朱祁钰的哥哥明英宗朱祁镇被蒙古瓦剌部俘虏，作为监国的朱祁钰临危受命，做了皇帝。当然，起初于谦等人向孙太后报告，要推举他做皇帝时，朱祁钰死活不肯，说哥哥还在瓦剌人手上，当务之急是救人，他怎么能做皇帝呢？于谦引用孟子的一番话，打消了他的顾虑："民为贵，社稷次之，君为轻。"朱祁钰见推托不过，这才

第一章 明朝之亡是亡于万历还是亡于崇祯?

做了皇帝。

原先,朱祁钰和哥哥朱祁镇兄弟二人关系极好、感情极深,所以尽管朱祁钰到了就藩(到外地做藩王)的年龄,朱祁镇仍然把他留在京城。

但是,人性、人心是会发生变化的。因为哥哥还健在,弟弟开始是死活不肯接哥哥的位的。但是当坐上了皇位以后,弟弟又死活不肯下来了。弟弟不但不肯下来,还把被瓦剌人放回来的哥哥幽禁在南池子,把已经被立为太子的哥哥的儿子废掉,然后立自己的儿子为太子。但是,悲惨的是,被自己立为皇太子的儿子,竟然一年以后就死了,而被废的哥哥的儿子竟然茁壮成长。这一阴影,特别是其中暗含的宿命论的心理暗示,是十分可怕的。朱祁钰一直被这个心理暗示笼罩,导致身体每况愈下,在朱祁镇通过"夺门之变"重新做了皇帝之后,朱祁钰不久也就死了。

出于同情,我对朱祁钰这位悲剧性皇帝的评价是来时带来一片亮星,走时不留一抹尘土。这种评价当然过高,但我的意思只是朱祁钰作为监国、作为皇帝,一出场就开启了"再造大明"的历程,在于谦等人的辅助下,化解了"土木之变"给明朝带来的危机,并且采取各种措施,缓解了国内的各种矛盾;而随着英宗的"夺门之变",朱祁钰从此几乎消失在明朝人的记忆之中。但不论怎样,从朱祁钰的身上,我们看到了一个活生生的人性变化的例子。

第二位是崇祯皇帝的父亲——明光宗朱常洛。明朝党争的第一个直接起因"国本之争",就是因为他的事引发的,虽然他一直在刻意避免介入所有的"争"。朱常洛争了十多年,好不容易被立为太子,结果在太子位上一熬又熬了二十年,最后好不容易做了皇帝,竟然不到一个月就死了。我有时在想,如果身为父亲的明神宗朱翊钧多活两个月,或者朱常洛少活两个月,明朝不就没有这个光宗了吗?命运真是折腾人,也折腾明朝。

崇祯皇帝朱由检可以说是明朝的第三位悲剧性皇帝。

很多人都觉得,清朝人动不动就抹黑明朝,但我认为他们并没有这样做。不但康熙皇帝评价明太祖朱元璋"治隆唐宋",而且清人编修的《明史》也说明太宗朱棣"远迈汉唐"(《明史·成祖本纪》)。而对崇祯皇帝,《明史》的评价也是非常高的。我们看看《明史·庄烈帝本纪》的赞语:

帝承神、熹之后,慨然有为。即位之初,沈机独断,刈除奸逆,天下想望治平。惜乎大势已倾,积习难

第一章　明朝之亡是亡于万历还是亡于崇祯？

挽。在廷则门户纠纷，疆场则将骄卒惰。兵荒四告，流寇蔓延。遂至溃烂而莫可救，可谓不幸也已。然在位十有七年，不迩声色，忧勤惕励，殚心治理。临朝浩叹，慨然思得非常之材，而用匪其人，益以偾事。乃复信任宦官，布列要地，举措失当，制置乖方。

这是清朝对崇祯皇帝的评价。

初继位的时候，崇祯皇帝朱由检还是个十七八岁的少年，如果放在当下，他还是一个高中生。他几乎不认识所有的文官武将，也没有处理过任何政务，但他竟然能够当机立断，迅速铲除以魏忠贤为核心的阉党，召回被阉党贬斥到各地的以东林党人为主体的、被舆论称道的官员，并收回在各地任职的宦官，这是何等的果决、何等的气魄。铲除阉党、起用"东林"、收回"阉竖"，是崇祯皇帝朱由检继位之后的"三把火"。如《明史》所说，正是这三把火，让人们看到了明朝复兴的希望，"天下想望治平"。

但是到了这个时候，明朝内外都面临着严峻的问题：朝臣的门户相争并没有平息，而是以另外一种方式持续着；疆场上的将士不是厌战，就是不听使唤；还有让人感到绝望的连年灾荒和随之而来的由陕北民变引发的农民起义，农民起义无法被平息，并且迅速集结为以李自成、张献忠为首的起义军。当然，更为严峻的问题是清兵在关外咄咄逼人的攻势。

面临如此严重的内忧外患，崇祯皇帝能怎么办？他难免会举措失当。这其实是个恶性循环，形势越恶化，人心中越着急；人心中越着急，举措越失当；举措越失当，形势越恶化。

所以，《明史》对崇祯皇帝的评价应该说是非常公允、客观的。不但《明史》这样评论，就连李自成在进入北京之前发布的檄文里都说"君非甚暗"。这就是说，崇祯皇帝并不昏庸，而是实实在在无法挽回这个时局。计六奇《明季北略》摘录了李自成的檄文：

> 君非甚暗，孤立而炀蔽恒多；臣尽营私，比党而公忠绝少。甚至贿通宫府，朝廷之威福日移；利入戚绅，闾左之脂膏尽竭……公侯皆食肉纨袴，而倚为腹心；宦官悉齕糠犬豚，而借其耳目。狱囚累累，士无报礼之思；征敛重重，民有偕亡之恨。

在中国历史上，像崇祯这样的皇帝不止一个，但是像崇祯这

第一章　明朝之亡是亡于万历还是亡于崇祯？

样能够不断地检讨自己，不断地反思，又不断地希望有所作为的皇帝，却并不是太多。

不少朋友和我说，崇祯皇帝朱由检大概是中国历史上下"罪己诏"最多的皇帝。"罪己诏"这三个字很特别，它是诏令，更是向天下公布的自我检讨。具体地说，"罪己诏"是皇帝进行自我批评、给自己定罪，并且希望取得全体民众和天地神灵谅解的一种公文。

在古史传说中，尧、舜、禹在统治天下的时候，每当遇到自然灾害，就要向天地、民众做检讨。在我看过的史料里，最典范的"罪己诏"应该属于汉武帝。伟大的汉武帝为汉朝开边拓土，建功立业，为中华民族做出了那么大的贡献，竟然也下过"罪己诏"。他所下的"罪己诏"叫"轮台罪己诏"。不过，这个事情前些年在学术界有争论，辛德勇教授认为汉武帝悔过罪己是野史上的一种不真实的记载，这一观点在史学界引起了很大范围的讨论。但是，主流研究仍然认同汉武帝确实曾低下高贵的头，西汉的政策也由此发生了变化。在我看到的材料中，南宋皇帝下的"罪己诏"是最多的。这没有办法，前有金朝咄咄逼人，后有蒙古磨刀霍霍，在相当长的时间里，南宋政权都处在风雨飘摇中。南宋的君主希望通过不断下"罪己诏"的方式来得到民众的理解，与他们共渡难关。

当然，如果论个人，中国有史以来下"罪己诏"最多的君主，莫过于崇祯皇帝朱由检。我看到的材料是三次，但是有很多朋友说有五次或者六次。

我先来说说三次可以证实的"罪己诏"，这三次"罪己诏"几乎可以展示明朝灭亡的过程。

第一次"罪己诏"发布于崇祯八年（1635）十月。

崇祯皇帝下这道"罪己诏"，是由于高迎祥、张献忠、李自成及其他农民起义军分路攻打了凤阳。有些史料说起义军们曾经开过一个会，宗旨是号召各路农民军协同作战，共同粉碎明军的围剿。这次会议被称为"荥阳大会"，起义军们在会上做出了攻打凤阳的决策。凤阳是明太祖朱元璋的故乡，也是他的祖陵所在。不仅如此，明朝建立之后，虽然定都南京，但朱元璋一直认为此举乃迫不得已。他既不满意把南京这个六朝粉黛之地作为国都，又不忍心劳动民力另外建都，所以一度想学元朝的样子，把凤阳建成中都；他又按皇家规制，重新修缮父亲、祖父的陵墓，使之成为明朝的祖陵。现在凤阳发掘出的明朝宫殿遗址，规模几乎和南京的一样宏大。崇祯八年正月元宵日，各股农民军从各个不同的方向向凤阳进发，击溃了守护陵园的明军，摧毁了陵墓，烧毁了宫殿，这就相当于动摇了明朝的根基。《明季北略》用带有文学色彩的描述记载了当时的情形：

> 贼自汝宁来，密遣壮士三百人，伪为商贾、车役，先入凤阳，或鬻锦帨、椒枣，或为僧道、乞儿等，分投各宿，随以重兵继之。时方元夕，士女如云，笙歌彻耳，忽火光四起，咸呼曰："流贼至矣！"百姓狂奔，不啻鸡入釜中、鱼游网内也。是时，凤阳无城可守，虽有总漕杨一鹏驻扎，兵不过二千余，皆市人，不习战，贼大至，官军无一人迎敌者，遂溃。贼焚皇陵，烧享殿，燔松三十万株，杀守陵太监六十余人，纵高墙罪宗百余人。留守朱国巷战，斩贼二十七人，力竭死。贼渠扫地王、太平王。入府治，知府颜容暄囚服匿狱中，贼纵囚获之，张盖鼓吹，杖容暄于堂下，死之。杀推官万文英等六人、武官四十一人，士民被杀者数万。剖孕妇，注婴儿于槊，焚公私邸舍二万余间，光烛百里。贼渠列帜，自标"古元真龙皇帝"，恣掠三日。

这件事情对明朝，特别是对明朝最高统治者的打击和震动极大。崇祯皇帝闻讯，素服而哭，斋居武英便殿，减膳撤乐，青袍视事，又遣官告于太庙，杀漕运都御史杨一鹏，勒令地方官员六个月之内剿灭"群贼"。但正如大家所知道的，"贼"不但没有被剿灭掉，"贼势"还越来越大。

值得一提的是，几年之后，李自成成了气候，明朝也干了同样的事情：米脂县的知县边大绶，在总督汪乔年的授意之下，把李自成在老家米脂县的祖坟给挖了。相互挖祖陵、挖祖坟，意味着不共戴天、你死我活。

随着国内农民军的力量发展壮大，崇祯皇帝迫不得已，下了第一道"罪己诏"。这道"罪己诏"情真意切，说自己继位八年以来，虽然做了一些事，但是很多事情没做好，内则让贼寇折腾了七年，不但迄未被剿灭，还摧毁了皇陵；外则让后金三次越边墙而入，兵临京师。每每夜半惊醒，自己都深感愧对列祖列宗，决心要奋发图强，振作起来，剿灭流寇。

> 朕以凉德，缵承大统，不期倚用匪人，边乃三入，寇则七年，师徒暴露，黎庶颠连，国帑匮诎而征调未已，闾阎凋敝而加派难停，中夜思惟，不胜愧愤……

第一章 明朝之亡是亡于万历还是亡于崇祯？

今调勍兵，留新饷，立护元元，务在此举。惟是行间文武吏士，劳苦饥寒，深切朕念，念其风餐露宿，朕亦不忍安卧深宫；念其饮水食粗，朕不忍独享甘旨；念其披坚冒险，朕不忍独衣文绣。择兹十月三日，避居武英殿，减膳撤乐。非典礼事，惟以青衣从事，与我行间文武吏士甘苦共之，以寇平之日为止。文武官其各省怨淬厉，用回天心，以救民命。（《明季北略》）

第二次"罪己诏"发布于崇祯十五年（1642）十月。此时不仅张献忠、李自成的起义军"死灰复燃"，清兵更是从多路破关而入，从长城的各个关隘进入华北平原，对明朝的统治给予了极大打击。就连身居北京城内的官民，也是"一夜三惊"。

这是明朝灭亡的又一个关键点，当时的明朝军队在和清兵的对抗中只能挨打，而清兵想什么时候入关，就可以什么时候入关。在这种情况下，崇祯皇帝发了第二道"罪己诏"。

人们都说长城伟大，但伟大的长城是挡不住强敌的。清朝的康熙皇帝认为，前朝建筑长城，并不能解决边患，就像明朝的长城无法阻挡清军入关，因此"本朝不设边防，以蒙古部落为之屏藩耳"（《清实录》）。从北边防线来说，清朝比明朝做得更好的原因，是它团结了蒙古。清朝的民族政策、宗教政策比较成功，当然，这和满族与蒙古族、藏族在宗教信仰、民族习性上更接近有关，以汉民族为主体的明朝则没有这种优势。

第三次"罪己诏"发布于崇祯十六年（1643）二月。这个时候李自成已经建国并定国号为"大顺"了。他的大顺军夺取了平阳、太原，正浩浩荡荡地向京师进发。这是明朝灭亡的第三个转折点。

崇祯皇帝召集重臣，说是要御驾亲征。当然，崇祯皇帝也不过是做出姿态而已，所有人都知道，如果崇祯真的御驾亲征，不但于事无补，更是羊入虎口。大臣们纷纷劝阻，表示这事儿不需要皇上御驾亲征，由大臣出征就可以了。大学士李建泰主动请缨，代替皇帝前去抵御李自成。此时崇祯皇帝已感到大势将去，下了第三次"罪己诏"。这道"罪己诏"严格说起来是崇祯皇帝亡国前发布的最后一道诏书。

通过崇祯皇帝发布的三次"罪己诏"，我们可以看到明朝倾覆的三个节点。

第一次，国内的农民起义军不但无法被镇压，而且势力越来越大，甚至摧毁了凤阳的明朝祖陵。

第二次，边外的清兵大举越过边墙，深入河北、山东，甚

第一章 明朝之亡是亡于万历还是亡于崇祯?

至京津一带,明清战争彻底易势。明朝虽然是被李自成推翻的,但即便没有李自成,按这种趋势发展,清朝取代明朝也只是时间问题。

第三次,李自成的大顺军正从山西浩浩荡荡地向京城进发,明朝不日就要灭亡了。

有很多人说崇祯皇帝还下过另外三道"罪己诏":第一道在崇祯十年(1637)闰四月,第二道在崇祯十六年(1643)正月或者六月,第三道在崇祯十七年(1644)三月十九日,也就是崇祯皇帝在煤山上吊之前,但这三道"罪己诏"其实都不能算数。

先说最后一道发布在煤山的疑似"罪己诏",那不是"罪己诏",而是遗诏。张岱的《石匮书后集》记载了这件事:

(崇祯十七年三月十九日)上御前殿,鸣钟集百官,无一至者;仍回南宫,登万岁山之寿皇亭,自经。太监王之俊(王承恩)跪帝膝前,引带扼脰同死。上披发,御蓝衣,跣左足,右朱履,衣前书曰:"朕自登极十七年,上邀天罪,致虏薄城三次,逆贼直逼京师,是皆诸臣误朕也。朕无颜见祖宗于地下,将发覆面,任贼分裂朕尸，可将文武尽皆杀死，勿坏陵寝，毋伤我百姓一人。"

可见，这道诏书是写给农民军看的，而不是给他的文武大臣或者天下百姓看的，所以它是一道遗诏，而不是"罪己诏"。

另外一道诏书是崇祯十年（1637）闰四月发布的，它并不是大家所说的崇祯皇帝的"罪己诏"，而是"责众臣罪己"。当时天象发生了变化，而且明朝内外的忧患非常多，崇祯皇帝忧心忡忡，命令大学士、六部尚书、都察院都御史以及各部官员自省并做出检讨，所以这段文字叫作"圣谕责臣罪己"。"责臣罪己"就是让大臣们做自我检讨。所以说，这一道诏书不是君主的"罪己诏"，而是皇帝在责令大臣们"罪己"。

有些人见到"罪己"二字，就以为是崇祯皇帝的"罪己诏"，实则不然。

有一些传言说还有一道"罪己诏"，是崇祯十六年（1643）正月或者六月，因为全国形势岌岌可危而发布的，但我没有找到任何相关史料。

做历史的人，应该坚守的原则是"有几分证据说几分话，有七分证据不说八分话"。这个原则是胡适先生提出的。有一次，

第一章　明朝之亡是亡于万历还是亡于崇祯？

我到台湾"中研院"史语所做学术讲座，获赠了一个茶杯，茶杯上就有这句话。我们说崇祯皇帝发布过三道"罪己诏"，这是有确切材料可以证实的。而另外的三道，一道是给农民军的遗诏，一道是让群臣责己的诏书，还有一道我没看到过相关史料。

崇祯皇帝的"罪己诏"展示了明朝灭亡的轨迹。明朝之亡，亡于崇祯时代，这是毫无疑问的。

崇祯皇帝以十七八岁的年龄继承皇位，在位期间励精图治、殚精竭虑。可惜谋事在人，成事在天，明朝还是亡了。

很多朋友问我，崇祯皇帝还有那么多的军队，还有那么多拥护他的人，为什么不像当年宋高宗赵构那样向南跑，跑到南京去？

事实上，崇祯皇帝对于继续生存下去已经完全丧失信心——他对自己丧失信心，对群臣丧失信心，对大明也已经丧失信心。

崇祯皇帝认为，北京都待不下去，跑到南京又能干什么呢？即便跑到南京，不还是要依靠这些人吗？这些人已经被证明是靠不住的，所以崇祯皇帝说"君非亡国之君，而事皆亡国之事""君非亡国之君，而臣皆亡国之臣"。无论这是原话，还是别人根据他的想法说出来的，都是这个意思。李逊之在《崇祯朝野纪》、计六奇在《明季北略》中记载的是："朕非亡国之君，诸臣尽亡国之臣。"邹漪在《明季遗闻》中记载的是："朕本非亡国之君，诸臣皆亡国之臣。"《明史·李建泰传》中记载的则是："朕非亡国之君，事事皆亡国之象。"

这些话的意思是一样的：大明之亡，除了朕无辜之外，文武大臣都应该承担责任。所以，崇祯皇帝在煤山上吊之前，在遗诏中表示农民军可以杀尽文武大臣，但是不要杀百姓。这封遗诏传播开来以后，很多南明遗老非常感动，他们觉得有君如此，亦复何求？

就像前面我讲过的，崇祯皇帝是个非常具有悲剧性的人物，在清朝所修《明史·庄烈帝本纪》的赞语中，也指出当时的局势是大厦已倾，他无力回天。这种无力回天的状况是明朝的统治者长期惰政造成的，其中最不可推卸责任的就是明神宗万历皇帝朱翊钧。所以人们又普遍认为，明朝之亡的主要责任不在崇祯皇帝身上，万历皇帝应负的责任更大。

万历皇帝朱翊钧的惰政与爱财，与崇祯皇帝朱由检的励精图治、殚精竭虑，形成了鲜明的对照。但戏剧性的是，万历皇帝偏偏又是明朝在位时间最长的皇帝。

历史的乐趣不仅在于它的规律性、必然性，更在于它的偶然性、不确定性。

第一章　明朝之亡是亡于万历还是亡于崇祯？

正如所谓"天下大势，分久必合，合久必分"，有百年的王朝，但是很难有千年的王朝。五代十国时期，吴越王钱镠修筑王宫，有术士劝他把西湖填掉，然后建造更大的王宫，以此保政权千年不倒。钱镠很有智慧，他说："历史上只有百年的王朝，哪里见过千年的王朝？何况百年以后，中原难道没有王者出现吗？如果有王者出现，我们就要归附。"这是一种趋势，一种必然性。

明朝什么时候亡，亡在哪个皇帝的任内，因什么而亡，某个皇帝的在位时间有多长，这些问题都带有偶然性、不确定性。明朝的皇帝中，明太祖朱元璋是励精图治的，他做了三十一年皇帝；明成祖朱棣是开疆拓土的，他做了二十二年皇帝。而惰政而又贪财的明神宗朱翊钧，在皇位上竟然坐了四十八年之久。但他们的儿子又都短寿：朱元璋的太子朱标没有等到继位就死了；朱棣的太子朱高炽监国二十多年，等到父亲死后，他继位不到一年就死了；朱翊钧的儿子朱常洛做皇帝没做满一个月就死了。这又是一种偶然性。

万历三十年（1602），万历皇帝曾经得过一次重病。此时的明朝，正在发生一件大事。从万历二十四年（1596）开始，万历皇帝向全国各地派出宦官，称"矿监税使"——到各处挖矿的宦官，叫"矿监"；到各地增加税收，税外加税的宦官，叫"税使"。矿监税使到各地之后，就算明明没有发现矿，但只要看到哪一家人富裕，就说别人家的房子、坟地、田地下面有矿，要在此处开矿。为了避免家破人亡，人们就得缴纳罚款，缴纳矿银。可见这完全是敲诈勒索。

矿监税使引发了全国各地无数民众的反抗：临清是运河边上一座繁荣的码头城市，南来北往的商船很多，在明朝的多个钞关里面，其收得的税款位居前列，这里发生了大规模的民众暴乱；所谓"上有天堂，下有苏杭"，苏州是中国当时最繁荣的地方，但这里同样发生了手工业工人和业主的闹事；反抗得尤其厉害的是湖北地区，武昌、汉阳、承天、襄阳、荆州等地到处都在闹事，给明朝的统治造成了严重影响。大学士、六部尚书以及言官不断上疏，要求废除矿监税使。

万历三十年（1602）的一天，病重的皇帝把大学士沈一贯等人召到仁德门外，然后让首辅沈一贯一人进仁德门，到皇帝所在的启祥宫（又名"太极宫"，位于皇帝寝宫乾清宫的西侧）后殿西暖阁。沈一贯进入暖阁，只见皇帝先是躺在床上，然后坐在地上，接着突然站起来，说："我快要死了，在此之前我满足你们的要求，收回全部矿监税使。"

第一章　明朝之亡是亡于万历还是亡于崇祯？

沈一贯非常高兴。一出仁德门，大家就问他："皇上有什么指示？"沈一贯说："皇上病得很重。"见到大家神色凝重，沈一贯又说："皇上答应收回全国各地的矿监税使了。"

众人一听，激动得欢呼"万岁"，回到内阁就开始起草收回全国各地全部矿监税使的文书，高兴了一个晚上。

谁知第二天早上，皇上的病突然好了，还派宦官到内阁来索取一件东西——刚刚拟好的"收回矿监税使"的诏旨。大学士们不给，来的宦官就越来越多，最后竟然来了二十多个宦官抢圣旨，把大学士的头都打破了，诏旨也抢回去了。万历皇帝另外下了一道诏旨，宣布一切照旧，不收回矿监税使。

经过万历三十年（1602）的这场闹剧以后，万历皇帝竟然又活了近二十年，这二十年不能不说是大明的悲剧。中国历史上的皇朝常常是这样，只要这个皇帝还健在，他要折腾，你就一点办法也没有。

我曾经写过一篇短文《中国农民的智慧》，讲了一个类似的故事。王安石变法期间，官府发放的青苗钱，理论上是在青黄不接的时候，为了避免贫苦农民向高利贷者借高利贷，由国家发放的贷款。但是这个举措后来变味了，变成按户等来发放青苗钱。一般而言，宋朝的大地主是一等户，中小地主是二、三等户，自耕农算是四等户，佃户等可以算是五等户了。按理说，最希望得到政府支持的应该是下等户，但宋朝政府的规定恰恰相反，户等越高、越有钱的人，能得到的青苗钱就越多，这样做的目的是从他们手中收取更多的利息。如此一来，富裕的上等户乃至中等户不愿借青苗钱。可利息是必须缴的，因此对于他们来说，实施"青苗法"就成了变相征收财产税。而下等户借贷则十分踊跃，踊跃得令人吃惊。但是，他们借贷不是为了生产，而是为了消费。苏轼记载，他路过某地，发现那个地方并不繁华，但是酒楼、茶馆、赌场几乎座无虚席。苏轼奇怪，问怎么回事。别人告诉他，这两天衙门正在发放青苗钱，大家领到青苗钱后，都会全部消费掉。苏轼问："那以后怎么还呢？"人们回答说："命有一条，钱是没有的。"可见，面对官府的敲诈勒索，百姓是能拖就拖，要钱没有，要命一条。等到皇帝、太后万岁节的时候，官府会赦免欠款；等到老皇帝死去，新皇帝继位的时候更会大赦天下，官府的债务就一笔勾销了。

但是，万历皇帝活的时间委实太长了，长得令别人难以承受，而且只要他在位一天，他就坚持不撤矿监税使。

应该说，万历皇帝继位后的前十年，明朝的气象还是令人振奋的。经过张居正改革，在北边，明朝和蒙古的问题解决了；在

第一章 明朝之亡是亡于万历还是亡于崇祯？

东北，明朝和女真的问题正在解决；在内地，各种民变也正在平息。尤其是张居正推行"一条鞭法"，进行土地清丈，给明朝的财政带来了很大的意外之喜。所以，《明史·神宗本纪》在赞语里对这一段历史进行了高度的评价："神宗冲龄践阼，江陵秉政，综核名实，国势几于富强。"但是这种形势是张居正改革带来的，张居正去世后，问题就出现了。《明史·神宗本纪》接着说："继乃因循牵制，晏处深宫，纲纪废弛，君臣否隔。于是小人好权趋利者驰骛追逐，与名节之士为仇雠，门户纷然角立。驯至忿、愸，邪党滋蔓。在廷正类无深识远虑以折其机牙，而不胜忿激，交相攻讦。以致人主蓄疑，贤奸杂用，溃败决裂，不可振救。故论者谓明之亡，实亡于神宗，岂不谅欤。"

张居正去世之后不久，万历皇帝就开始和母亲斗气。他的母亲李太后是个奇女子。在她的丈夫明穆宗去世后，只有二十六岁的她成为太后。李太后信任司礼监太监冯保和内阁首辅张居正，三人形成了一个"铁三角"。他们在辅佐万历皇帝的同时，当然也严厉教育和管制着这个少年皇帝。后来张居正死了，万历皇帝也成年了，他的最爱是郑贵妃。但母亲李太后不但不让郑贵妃取代皇后，也坚决不让郑贵妃的儿子做太子，"国本之争"由此而起。为这件事，万历皇帝不但和母亲斗气，也和满朝官员斗气，因为他们都不赞成立郑贵妃的儿子为太子。万历皇帝向各地派出矿监税使，固然是为自己敛财，但从很大程度上说，敛财的最终目的，还是为了补贴郑贵妃和她的儿子福王朱常洵。如果有对这段历史感兴趣的朋友，可以读读我的《万历兴亡录》。

前面我们讲过，"明朝之亡，亡于神宗"的说法来自《明史·神宗本纪》中的赞语，这不是清朝抹黑明朝的明证，而是明朝遗老共同的认识。

如果去读一读《明神宗实录》中这段时间大臣们、言官们的上疏就可以发现，那时人们已经指出，万历皇帝如果再这样折腾下去，必然走上财政赤字、国库空虚、兵无粮饷、将扣军饷的亡国之道。而且，明朝的藩王又特别多子，国库每年要给他们发俸禄，导致国家财政更加困难。所以大学士和户部尚书谈到国家的财政困难的时候，才会相对而泣。

我们之后要具体说万历年间的各种问题，这里先谈万历皇帝个人。张居正在世时，明朝可以说是逐渐振作了起来。但是，这既是明朝振作的过程，也是万历皇帝对张居正逐渐积累恨意的过程。万历皇帝受到一贯的传统教育，认为"朕即天子，礼乐征伐由天子出"。但是，现在大明皇朝不是天子做主，而是张先生在做主；而张先生之所以能做主，是因为李太后的支持。李太后、

第一章 明朝之亡是亡于万历还是亡于崇祯？

冯保和张居正形成了一个"铁三角"，虽然"铁三角"治理国家治理得非常好，但他们同时也对万历皇帝进行着压制，几乎无视这个皇帝正在长大的事实。

史书中有一个令人感到不可思议的情节：张居正教万历皇帝读书，万历皇帝按要求背诵，背诵到一个地方，张居正高声呵斥："错！"把万历皇帝吓得要命，不敢吭声。这种事情一次就够了，何况经常发生。所以张居正一死，所有人都松了一口气——皇帝松了一口气，是因为三座大山倒了一座；李太后也松了一点儿小气，其实她也觉得张居正管得太严厉了。

于是明朝继续沿着正德、嘉靖、隆庆以来的，我称之为"多元化"的道路行进，社会逐渐自由开放。但多元化到了极致，就很容易走向涣散。人们都在享受生活，享受到极致便是"酒色财气"，而万历皇帝也融入了这种氛围，由此形成了最高统治者和社会群体互动的"酒色财气"。万历十七年（1589），有一个七品官叫雒于仁，原本是一个地方的知县，后来他到北京做大理寺评事，来了一年，没有见过一次皇帝，他就到处打听皇帝在干什么。其实，不需要打听，人们都在口耳相传皇帝的所作所为。于是，雒于仁向万历皇帝上了一道奏疏，意思是说："天下人都在传，说是皇上得了四种病——酒、色、财、气。第一是酒。

皇上不但喜欢喝酒，而且经常是'尽达旦之欢'。第二是色。皇上不但宠爱郑贵妃，还喜欢那些长得标致的小太监，这就有点喜欢男色了。第三是财。皇上要求宦官向自己行贿进贡，有进贡就高兴，没有进贡就惩罚。最后是气。皇上还爱生气，为了各种小事，比如宫女、财富，气得要命。"雒于仁继续说："天下没有任何郎中可以给皇上您治病，能治皇上病的，只有我。"

万历皇帝看到奏疏后，气得要命，把内阁首辅申时行等人召来，指着雒于仁的奏疏，说："你们看看，这样一个小官，无君无父之徒，竟然如此侮辱朕，你们管还是不管？"

申时行老奸巨猾，说："皇上，这个我们不能看。否则传了出去，天下人就都知道皇上有哪些毛病了。"

万历皇帝说："难道就这样算了，不治他的罪吗？"

申时行说："治罪也不好。治罪要有罪状，可如果公开他的罪状，肯定会具体涉及骂了皇上的事情，这些事都是不好说的啊！"

万历皇帝说："那怎么办？"

申时行说："让他自己写个辞职报告。"

万历皇帝说："只能这样吗？"

申时行说："这是最好的办法。"

最后，雒于仁打了一张辞职报告，退休了。万历皇帝继续他

第一章　明朝之亡是亡于万历还是亡于崇祯？

的酒色财气，而内外形势也在他的酒色财气中继续恶化。

那么，明朝到底是亡在崇祯还是亡在万历？后面各章将围绕这个问题中一些更具体的因素展开，比如说明朝到底是亡于宦官还是亡于文官？明朝到底是亡于东林还是亡于阉党？这些因素其实都和万历有关。

第二章

明朝之亡是亡于宦官还是亡于文官？

第二章　明朝之亡是亡于宦官还是亡于文官？

我们上一章谈到了万历皇帝个人所谓的酒色财气的问题。而由"国本之争"引发的党争的问题、矿监税使的问题、"三大征"的问题、女真崛起的问题，都是在万历时期出现的。这些问题，万历皇帝如果处理得好，明朝可能是另外一个模样。但非常遗憾的是，他并没有处理好。

关于明朝灭亡的原因，许多朋友和我有过交流，我也到网上浏览过各种信息，发现有很多种观点。我归纳了一下，大致是这些：有认为是亡于宦官的，也有认为是亡于文官的；有认为是亡于党争的，也有认为是亡于"国本之争"的；有认为是亡于矿监税使的，也有认为是亡于"三大征"的。当然，也有我们前面说到过的，认为是亡于万历本人惰政的，以及认为是亡于崇祯皇帝个人能力有限的。

本章我们来讨论一下明朝是亡于宦官还是亡于文官。

明朝的国家制度呈现出"双轨制"的特点：明朝有一套文官系统，负责管理国家事务；又有一套宦官系统，其中的机构设置几乎和文官的系统对等，也就是说外廷有什么文官机构，内廷就有什么机构与之对应，所以明朝的宦官系统非常庞大。我将其称为"以内制外"，这是明朝政治制度的重要特点。

随着政权、国家及君主制的出现，宦官群体出现了。由于各种原因，人们往往认为，宦官是中国历史上危害最大的群体之一，但实际上，宦官里也有很多伟大的人物，比如明朝的郑和。郑和下西洋是中国有史以来空前的航海壮举，也是人类航海史上的一次壮举。在这以后，一直到我们中华人民共和国的海军远航到亚丁湾打击索马里海盗，中国海军才又一次浩浩荡荡地出现在印度洋上。当然，这两次之间还有一次，晚清时期，清政府到欧洲买船时，海军曾渡过印度洋。但那一次只是路过，而不是去办事。

东汉时期的宦官很猖獗，但是其中出了一个蔡伦，他改进了造纸术，发明了"蔡侯纸"，对人类社会的发展影响非常大。美国一个跨行做历史研究的天文学博士曾写过一本畅销书，《影响人类历史进程的100名人排行榜》，蔡伦不但被收录其中，排列的位置还很靠前，仅次于孔子——孔子排在第五，蔡伦排在第

第二章 明朝之亡是亡于宦官还是亡于文官?

七。所以说,中国历史上也出了很多伟大的宦官。某种意义上,受了腐刑的司马迁也是宦官,但是他并没有在宫廷里服役,所以不能算在内。

中国历史上宦官为祸最烈的有三个时期。

第一个是东汉。东汉第一代皇帝是汉光武帝,他是一位伟大的帝王。汉光武帝之后是汉明帝和汉章帝。汉章帝死得早,他儿子汉和帝继位时年龄很小。从汉和帝开始,几乎后来所有的东汉皇帝都是幼年(充其量是少年)继位,有些继位时甚至还在襁褓中。这样一来,皇帝的母亲就要听政,而他们的母亲都还只是少妇。小皇帝如果是三岁,他母亲充其量只有二十多岁;小皇帝如果是八岁,他母亲充其量也只有三十岁。她们没有政治经验,不会理政,只能靠她们的哥哥、父亲乃至祖父。所以,从汉和帝时期开始,东汉就出现了外戚专权的情况。皇帝逐渐长大,开始想要亲政,但是他的母亲、舅舅、外公都无视他的成长,继续把他当小孩子看,绝对不放权力。皇帝都是有个性的,也都是受过教育的,随着年龄增长,就想要从外戚手中夺权。夺权靠谁?母亲家靠不住,父亲家已经被隔离,而文官一般依附于外戚,甚至可以说,外戚就是文官的首脑。最后皇帝只有依靠宦官,依靠那些从小陪他吃喝玩乐,陪他长大,陪他学习,甚至已经被他当作好朋友的宦官。皇帝和宦官要夺权，外戚不给，于是就会发生宫廷政变，皇帝得以铲除外戚。皇帝掌权之后，他继续依靠宦官，所以就出现了宦官专权的情况。

然而，夺权不久皇帝又死去了，继位的又是个小皇帝，又变回了外戚专权的局面。所以东汉循环往复，六个外戚家族先后专权，这在中国历史上可谓是前无古人、后无来者的。因此，也就一定有六次铲除外戚的斗争和斗争后重新出现的宦官专权局面。宦官专权以后，许多和外戚有关系的正派人士也受到打击，后来的"党锢之祸"就是如此。一直到袁绍进京，才把宦官全部杀掉，但东汉也就亡了。东汉后期，宦官成为皇帝的保护神，有宦官在才有皇帝，如果没有宦官，皇帝也不复存在。

第二个是唐朝。唐朝的问题出在"安史之乱"以后。唐朝前期，官员和汉朝的官员一样，都是"出将入相"的——到外地特别是边境地区，就成为将领，回到京师，就成为宰相或其他文官。这样一来，唐朝大臣，特别是边境的大臣权力就比较大。"安史之乱"爆发后，皇帝意识到原本受信任的安禄山、哥舒翰都是少数民族，其他大臣中虽然有汉人，但也不受信任，于是皇帝派宦官监军。监军的权力很大。"安史之乱"爆发之初，安禄山、史思明的军队攻打长安的门户潼关，哥舒翰固守潼关，在前

第二章　明朝之亡是亡于宦官还是亡于文官？

线监军的宦官逼迫他出击，才导致哥舒翰战败被俘。"安史之乱"后，宦官监军在唐朝变成了一种惯例。特别是在唐肃宗继位以后，宦官开始掌握军权、处理军机，所以唐朝后期管军事的枢密使都由宦官担任。而唐朝最厉害的御林军——神策军也掌控在宦官手中。唐朝宦官此时可以废立天子，也可以进退宰相。

唐朝有一个著名的官员叫李德裕，他在淮南做节度使的时候，听说监军的宦官要回京做枢密使，就送给了他很多的钱财。后来这个宦官没走成，就要把钱财退回给李德裕。李德裕说："我们之间是好朋友的关系。我送你礼物，不是因为你要升官，即使你不升官，我们也是好朋友，所以不会收回礼物。"这个宦官很感动。过了若干年，这个宦官果真去长安做了枢密使，于是才有了李德裕进京做宰相的后文。可见，有时候宦官跟文官的关系也很密切。

第三个就是明朝。无论是汉还是唐，宦官专权都是在国家出现问题的时候发生的。但明朝不是这样，明朝的宦官是国家机器中的有机组成部分，他们已经融入明朝的国家机器了。

我在前面说过，明朝政治制度的一个重要特点是"双轨制"，即外廷的文官有什么衙门，内廷的宦官也一定有相应的衙门。比如，废除宰相以后，外廷地位最高、权势最大的是内阁，

035

然后是六部中的吏部尚书；内廷则有司礼监，它可以对应外廷的内阁和吏部。明太祖在位时就已经设立了全套的宦官机构。明朝人以及明史研究人员把明朝的宦官机构称为"二十四衙门"，即十二监、四司、八局。实际上，除了这二十四衙门以外，还有很多的库、馆等。

明朝的宦官衙门系统极其庞大。内廷第一监是司礼监。司礼监本来不是十二监的第一监，原来的第一监是内官监，后来随着司礼监权力的扩大，司礼监成了内廷的第一监。其中有掌印太监、提督太监、秉笔太监，而秉笔太监还分第一人、第二人，等等。另外还有提督东厂太监、提督军营司礼太监。虽然外廷的内阁以票拟来掌握国家大事的处理权，吏部掌管官员的任命，但内阁和吏部的系统加在一起，都不一定能够和司礼监抗衡。明朝人说司礼监和内阁是"对柄机要"，固然有一定道理，但远远没有概括司礼监的全部功能。

我们来看看在这种"双轨制"之下，明朝的国家大事是如何决策的。明朝在形成内阁票拟、司礼监批红的运作模式以后，所有的地方事务都要相应地报告给中央的六部和都察院，然后六部和都察院提出自己的处理意见，由文书房直达御前。皇帝将这些意见交给内阁处理，内阁根据祖宗法度、圣贤道理和实际情况进行票拟，即用黑笔字代表皇帝进行批示，批完了以后要交回去，皇帝再交给司礼监的宦官批红。一般来说，对于国家大事，内阁怎么处理，司礼监就怎么照抄，但不是作为司礼监来抄，而是代表皇帝用红笔照抄，抄好了以后把它发到六科，这就是圣旨了。明朝不仅有吏、户、礼、兵、刑、工六部，负责处理国家大事；还有吏、户、礼、兵、刑、工六科，负责稽查六部百司之事。每一科的掌印长官都给事中仅有七品，而一般的左右给事中都是从七品。这是以七品官来对二品衙门（六部）的事务进行批驳，同时对皇帝的诏令也进行封驳。

皇帝通过司礼监的批红而下达的诏令分为两种：一种是处理各种事务的批文，一种是针对不同事情下达的圣旨。无论哪种，都得到六科进行审批。如果六科觉得这些诏令不符合祖宗法度，不符合圣贤道理，尤其是不符合当下形势，就可以把它们驳回。嘉靖皇帝即位之初，下的若干道手谕都曾被六科驳回，把皇帝气得要命。明朝的办事程序就是如此。

很多人以为司礼监和内阁是对抗关系，那就错了，它们是合作关系，是皇帝的左右手，一只手票拟，一只手批红。而且，明朝永乐至宣德年间，在内廷设立了内书堂，专门教导小宦官读书识字。后来这些宦官大多进入了司礼监和文书房。至于内书堂的老师，则都出自翰林院，后来不少进入内阁。所以，司礼监的宦官多为大学士们的学生。

很多研究者只看到明太祖立过铁牌，规定过宦官不得干预政务，直到明英宗时王振专权后，铁牌才不知道哪儿去了。但他们忽略了一个问题，内书堂培养出来的宦官，就是用来干政的，那这个铁牌保得住吗？

我在《论明代宦官的知识化问题》中专门讨论过相关问题。明代司礼监的宦官是有文化的宦官，文化程度甚至不比外廷的文官差。因为他们的老师比外廷文官习举业时的老师资历更高，宦官是翰林院的这些官员教出来的。他们跟内阁大学士之间有师生之谊。即使没有师生之谊，他们在传统教育的熏陶下，也有共同的理念——他们是共同为明朝服务的，是共同为治国安民服务的。

所以，明朝的司礼监和内阁之间首先是合作关系。当然，各种利益、瓜葛会造成矛盾冲突，不过矛盾不一定发生在宦官和文官之间，而是发生在这一批宦官和文官与另外一批宦官和文官之间。

比如万历年间，张居正和宦官冯保的关系好，高拱和宦官李芳、"大侠"邵芳的关系很好，他们间的斗争都是有内线、外线

第二章　明朝之亡是亡于宦官还是亡于文官？

的，斗争的壁垒有时候并不分明。甚至可以说，明朝外廷的文官要办事，非得要有内廷的宦官支持不可，否则办不好。

举个例子，宣德年间，由于苏松重赋，又发生水灾，造成苏南地区出现很多问题，于是明宣宗派巡抚去解决流民、税收和地方治安问题。派到应天府的南直隶巡抚是江西吉水人周忱。

周忱在永乐年间进入翰林院，以庶吉士身份学习。他和苏州知府况钟一道，把整个苏松地区治理得井井有条，大家都认为他是个人才。有一次他派人把江南的漕粮送到北京去，有官员回来说运漕粮的船遇到风浪翻了，所以漕粮没了。周忱把日记打开，说："某年某月某日，万里无云，怎么来的风浪？"所以骗不到他。但是在后来王振被抄家的时候，有人发现了周忱给王振写的一封信，自称"徒孙"，而且王振家里的地毯全是周忱送的，尺寸大小丝毫不差。既然这样，该如何评价周忱？

所以在明朝，外廷的文官和内廷的宦官并不是对立的，而是合作的，他们共同为皇帝、为大明服务。

当然，宦官也有很多不好的影响。他们确实干了很多坏事，其中有一批人更是臭名昭著。第一个是王振，第二个是创建西厂的汪直，第三个是刘瑾，第四个是最要命的魏忠贤。阉党就是以魏忠贤为核心和首领建立起来的，他们干了很多坏事，打击了很多正派人物,并且以权谋私,为自己的家族谋得了不少利益。

吴晗先生的《朱元璋传》和丁易先生的《明代特务政治》都突出了明朝的两个机构:一个是东厂,专门侦缉官员的事务,由宦官统领;另一个则是锦衣卫。

明代的锦衣卫同样是一个非常庞大的组织,但是锦衣卫里处理刑侦事务的只是北镇抚司,是锦衣卫中的一个机构。而北镇抚司的校尉,又是为东厂服务的。东厂和北镇抚司、锦衣卫之间,既有系统之间的矛盾,又有结合,更多的时候是合作。东厂的缇骑、校尉,都是从锦衣卫过来的。这两个衙门对于官员的监督、稽查非常严格,如果谁犯了罪就会被直接逮捕,不是下到刑部大狱,而是下到锦衣卫的诏狱(明朝的监狱有多种,有大理寺的监狱,有刑部的监狱,这都是正常的监狱;另外有诏狱,是根据皇帝的诏令而将人逮捕进去的监狱,令人谈之色变;后来还有西厂)。人们对明朝宦官控制下的东厂和锦衣卫的北镇抚司非常痛恨,他们也确实干了不少坏事。但是需要注意的一点是,他们主要针对的对象是官员,不大针对平民,也没那么多时间去针对平民。

所以我是这样评价明朝的锦衣卫和东厂的:第一,毫无疑问,这是法外之刑;第二,有些时候这又是没有办法的,它们是

第二章　明朝之亡是亡于宦官还是亡于文官？

对文官的制约机构。文官也并非都是好人。谚语有云"天下乌鸦一般黑""三年清知府，十万雪花银""自古衙门朝南开，有理无钱莫进来"，这些都是说文官的。锦衣卫和东厂主要对文官进行制约，从某种程度上说是一种"反腐"力量。但不可否认的是，它在国家机器里又起了很不好的作用。

不过，明朝的宦官会给后人留下这么不好的印象，还有其他原因：第一，我们所看到的都是文官、士大夫写的材料，他们对宦官有一种本能的排斥和歧视；第二，这跟现在的舆论和媒体有关系。比如当代的几部优秀电影，《新龙门客栈》《龙门飞甲》《锦衣卫》等，都把明朝的宦官塑造成了反派角色，而人们对明朝宦官、锦衣卫、东厂的直观印象，大多来自这些影视剧。

所以，明朝是否亡于宦官是个非常复杂的问题。

毫无疑问的是，宦官，特别是魏忠贤必须承担责任。以他为主体核心的阉党和东林党之间的斗争把明朝仅剩的一点正义和精神耗费殆尽，而且他还开了一个极坏的先例——宦官主宰朝廷。

明朝宦官的参政是全方位的。无论是中央还是地方，无论是政治、经济还是其他方面，宦官的影子无处不在。我们上文说过，司礼监是一个庞大的系统，对应的是外廷的内阁和吏部。而和明朝的兵部乃至户部对应的机构叫御马监，还下设两个营的军队，一个叫勇士营，一个叫四卫营，力量非常强大。地方有镇守宦官，一般叫镇守中官，嘉靖时期才收回。所以，无论是中央还是地方，宦官都全方位参政，这也表明，明朝宦官是整个国家机器中的重要构成部分。

但是，明朝宦官的专权却是可控的。

以司礼监为例，司礼监有掌印太监、提督太监、秉笔太监，但是提督东厂的既不能是掌印太监，也不能是提督太监，还不能是秉笔太监的第一人，而是秉笔太监的第二人。这就形成了一种制约。文书房在编制上是司礼监下属的机构，但文书房的工作直接对皇帝负责，司礼监的掌印、提督、秉笔太监都无权干预，这又是一种牵制。

明朝史学家王世贞说，不要看有些明朝的宦官专权得厉害，只要头天晚上从会极门递出一张两寸宽的纸片，专权的宦官第二天就会身首异处。实际上，都不用两寸宽的纸片，皇帝只要两天不见他，其他宦官就会把他弄死，因为他们是一个一个盯着的。

所以说，明朝的国家机器架构是一种全方位的制衡：以下制上，小官制约大官，然后上下相维；以内制外，宦官也接受十三道监察御史的监督，也在外廷的监督对象之中，然后内外相制。因此，明朝没有失控的条件。否则魏忠贤那么厉害，为什么崇祯

第二章 明朝之亡是亡于宦官还是亡于文官？

皇帝能够刚上台就把他打倒？就是因为有全方位的制衡机制。

不过，由于明朝宦官的气焰十分嚣张，人们对宦官危害的感受就非常深。

说到对明朝宦官提出的最尖锐的批评，不得不提明清之际伟大的思想家黄宗羲。黄宗羲的父亲黄尊素在东林党和阉党的斗争中被下狱，自杀了，所以黄宗羲和阉党有杀父之仇。另外，黄宗羲的老师刘宗周是东林党。所以他对宦官专权有极其深刻的感悟。

黄宗羲写了一本政治思想类的著作《明夷待访录》。其中对于君主制和宦官的批判，几乎可以说是中国有史以来的最强音：

> 今也以君为主，天下为客，凡天下之无地而得安宁者，为君也。是以其未得之也，屠毒天下之肝脑，离散天下之子女，以博我一人之产业，曾不惨然，曰："我固为子孙创业也。"其既得之也，敲剥天下之骨髓，离散天下之子女，以奉我一人之淫乐，视为当然，曰："此我产业之花息也。"然则为天下之大害者，君而已矣。（《明夷待访录·原君》）

这是黄宗羲对自己所亲身经历的明朝君主的批评，也是对清朝君主的警示。下面则是他对明朝宦官的批评：

> 奄宦之祸，历汉、唐、宋而相寻无已，然未有若有明之为烈也。汉、唐、宋有干与朝政之奄宦，无奉行奄宦之朝政。今夫宰相六部，朝政所自出也。而本章之批答，先有口传，后有票拟。天下之财赋，先内库而后太仓。天下之刑狱，先东厂而后法司。其他无不皆然。则是宰相六部，为奄宦奉行之员而已。(《明夷待访录·奄宦》)

当然，黄宗羲抨击的是特殊时期的特殊表现，带有一定的极端性，但他说得不是没有道理。

入清之后，黄宗羲也是前明遗老。经常有人说清朝黑明朝，实际上，真正黑明朝的是明朝人自己。从明宪宗成化年间开始，明朝进入多元化时代，社会舆论逐渐开放，各种娱乐活动也随之而出。明朝的戏曲和小说常常描写当朝人，比如严嵩还未倒台的时候，就有戏曲在演"打严嵩"；海瑞还在世的时候，就有人开始编造海瑞和严嵩斗争的故事。其实这完全是"关公战秦琼"，

第二章 明朝之亡是亡于宦官还是亡于文官？

海瑞到北京做主事的时候，严嵩已经罢官回家了，两人根本没有交集。明朝人经常如此。

吴晗先生的《朱元璋传》对明太祖和明朝的"文字狱"的批判非常多，但是他用的很多材料都引自祝允明（祝枝山）的《野记》。祝允明这本书不仅名为"野记"，内容也都是道听途说而来的，有点像今天的微信朋友圈，里面的内容不能说全是假的，但是会有添油加醋的成分。明朝人对明朝的这种黑是他们的一个特点，甚至可以说是一种个性，到了明朝后期更是如此。

万历后期，朋党形成。齐、楚、浙、昆、宣诸党，与东林党人相互攻伐。天启后期，以魏忠贤为核心的阉党形成。宦官专权的危害的确很大，国家大事他们通通不管，把全部精力都用来党同伐异，造成了大量的冤狱。但是，我特别要说的是，明朝文官对于明朝的灭亡也难辞其咎。

正德年间，宦官刘瑾十分活跃，以他为首的八个宦官被外廷的文官斥为"八虎"。正德皇帝十五岁继位，他不喜欢老师，不喜欢读书，最喜欢的就是打架斗殴。他喜爱文艺，是一个戏曲爱好者，他甚至可能成为一个好演员，但唯独不是一个好皇帝。内阁、六部的士大夫们觉得皇帝这样下去不行，于是不断警告正德皇帝，提醒他说："你要和我们接近，不要和那些宦官接近。"

正德皇帝陡然说："先生们，难道天下事都是宦官败坏的吗？十个文官中，好人才有三四个，坏人倒有六七个，这不用我说，先生们也知道。"弄得大学士刘健、谢迁、李东阳目瞪口呆。

正德皇帝说得并不错。崇祯皇帝继位后，当机立断，铲除了以魏忠贤为核心的阉党中的宦官，以及依附魏忠贤并构成阉党的浙党、楚党、齐党、宣党、昆党等，赢得一片喝彩。但过了不久，形势就发生了变化。崇祯皇帝斥退宦官之后起用文官，而且用的都是舆论评价极高的文官，如钱龙锡等。但是，文官办不了事，没有担当，继续党同伐异。东林党和其他派系的斗争，一直延续到南明的弘光政权。甚至到桂王政权时，他们还在继续闹。

晚明的一个极大的问题是，几乎所有人都在意气用事，没有方寸，没有规矩，更没有是非。所以我在《"山人"与晚明政局》一文中指出："庙堂已无是非，以江湖之是非左右之；而江湖之是非实为意气。朝廷已无主张，以舆论之主张左右之；而舆论之主张实为游戏。"

崇祯皇帝看到文官中有担当、有才干的人很少，畏事的人比较多，又开始慢慢地任用宦官了。有人向崇祯皇帝提意见："皇上，你初政的时候贬斥宦官，现在为什么又开始用宦官了？"崇祯皇帝说了一句让文官瞠目结舌的话："你们没有看到我用文

第二章 明朝之亡是亡于宦官还是亡于文官？

官吗？用文官的时候，你们又办成了什么事？如果文官能干，文官能办事，我犯得着用宦官吗？"文官无言可对。崇祯年间，很多时候都是宦官监军办坏了事。可人们往往没有看到的是，正是因为文官的无能和无所作为，才造成了崇祯皇帝派宦官监军的结果。

崇祯十年（1637）左右，浙江著名的文官集团领袖倪元璐向崇祯皇帝推荐一个老头儿，松江人陈继儒。倪元璐说，如果能够把陈继儒请来，朝廷的事有可能办好。实际上这个时候陈继儒已经死了。到这个时候，人们才想起一个八十多岁的老头儿，指望他来改变国家的命运，满朝文武都干什么去了？

明朝可以说是文官集团意气风发的时代。明太祖曾经有意识培养明代士大夫的气节。有一个姓萧的御史得罪了明太祖，明太祖准备让人把他推出午门杀了。在推去午门的过程中，明太祖又觉得，此人不过是语言冲撞了自己，也没有干什么坏事，如果把他杀了，好像处置太过，显得自己太意气用事，所以立即让锦衣卫把他押回来。萧御史回到大殿，明太祖说："你知不知道自己犯了什么错误？"萧御史说："我没犯错误，是皇上您犯了错误，所以我跟您提出来。"明太祖一看，哪有这么认死理的人，说："继续，推出去杀了！"路过翰林院的时候，萧御史高

047

声喊:"今天值班的是谁?你记下来,皇上无缘无故杀死了御史萧某某!"

明朝就形成了这种很有意思的风气:士大夫向皇帝提意见,皇帝要对他进行惩罚——或者是责骂,或者是廷杖,或者是罢官。但是士大夫受廷杖或者被罢官以后,出了皇宫,出了北京,声誉就更高了,大家都更加钦佩他。

明朝出过一个"四铁御史"冯恩。所谓"四铁",是说他的膝、口、胆、骨都像是铁铸的,绝不屈服。冯恩是王阳明招收的最后一个弟子。当时王阳明在广西,朝廷派冯恩去慰问,他因此成为王阳明的弟子。后来他成为"四铁御史",极了不起。

中国历代文官中涌现出了许多伟大人物,数不胜数。"唐宋八大家"都是文官。苏洵曾经屡次落第,他跟别人说:"考进士真是难,比上天还要难,比如我就考不上。"但是他有骄傲的资本,他又说:"考进士真是容易啊,像摘路边小草一样容易,比如我的两个儿子都考上了。"说到文官里的伟大人物,也不能不说文天祥,他维系了中华民族的一线正气。到了明朝,内阁初起的时候,"三杨"(杨士奇、杨荣、杨溥)都是很伟大的文官。正德年间,中央有杨廷和,地方有王阳明。万历年间,又有张居正这么有担当、有才干的伟大文官。

第二章 明朝之亡是亡于宦官还是亡于文官？

但我还是认为，相对于宦官，文官对明朝灭亡要承担更大的责任。因为国家主要还是由文官在治理。中国古代有一种说法："治国为安民，安民在治吏。"治国的目的是安民，安民要靠文官。

宋元明清时期，知府、知州、知县都被称为"亲民官"。他们和底层民众接触最多，最了解底层民众的呼声，也最了解国家政策，知道什么样的政策是民众需要的。他们的优劣、好坏，直接决定民众的福祉、地方的安定，所以王阳明提出："郡县之职，以亲民也。亲民之学不明，而天下无善治矣。"

为了维护好亲民官，历代朝廷采取了多种措施。吏部的重要工作是选拔官员，都察院的重要工作是监察官员，国家的制度很多都是为了澄清吏治而设置的。吏治好，政权就稳定，民众就安居乐业；如果吏治出现问题，整个社会都会出现问题。而文官正是吏治的主要构成部分。

明朝的文官一方面为国家治理做出了贡献，另一方面又在为自己谋利益，而且常常贪心不足。

崇祯十年（1637）闰四月，崇祯皇帝"责臣罪己"：

> 帝德好生，降罚必有所致。久祈不应，乃朕躬之愆

049

诚未能上达，朝廷之德泽不能下沾。如张官设吏，原为治国安民，今出仕专为身谋，居官有同贸易。催钱粮先比火耗，完正额又欲羡余。甚至已经蠲免，悖旨私征。才议缮修，乘机自润。或召买不给价值，或驿递诡名轿抬，或差派则卖富殃贫，或理谳则以直为枉。阿堵违心，则敲扑任意；囊橐既富，则解网念工。抚按之荐劾失真，要津之毁誉倒置。又如勋戚不知厌足，纵贪横于京畿；乡官灭弃防维，肆侵凌于闾里，纳无赖为爪牙，受奸民之投献，不肖官吏畏势而曲承，积恶衙蠹生端而勾引。嗟此小民，谁能安枕？似此种种，足干天和。积过良深，所以挽回不易。都着洗涤肺肝，共竭悃诚，仰祇天意。（《明季北略》）

从上到下，所有层级的官员、吏员，所有的贵族、乡绅，被崇祯皇帝数落了个遍。谁说皇帝高高在上，不了解下情？他什么都知道，但积习已深，身为皇帝也一点儿办法都没有。

读者朋友们可以体会这两句话："出仕专为身谋"，出来做官就是为自身做打算；"居官有同贸易"，任职以后，就像在生意场上做生意。这两句话把当时的官场面貌全部揭示了出来。

第二章　明朝之亡是亡于宦官还是亡于文官？

金庸的小说《鹿鼎记》很有意思，它揭露了中国古代官场的潜规则，其中有一句非常著名的话："千里为官只为财。"这句话可以说是明朝文官的一种画像，也是中国历代文官的一种画像。

当然，回过头来说，明朝的文官如果不贪污受贿，经济上就会非常困难。明朝坚持以农业立国，以农业税作为主体税，所以在"三饷加派"之前的两百多年间，税收不仅没有增加，反倒减少。因此，明朝的官员两百多年都没有涨过薪水，不但不涨，朝廷还通过"折色"等方式，变相降低官员收入，这要人家怎么活？所以很多官员都去经商、兼并土地了，当然，更多的官员直接选择了贪污受贿。

明朝官场风气的败坏，一方面是官员自身道德丧失，另一方面也跟朝廷没有很好地解决官员的生计问题有关。特别是明末，确实也有能为百姓、为朝廷谋利的文官，但是他们一旦卷入党争，人性就都变了。就像有些人，可能平常和我们是很好的朋友，看着很不错，但是一旦他们用化名在网络上发表意见，简直认不出来了，仿佛变了一个人。这就叫"风尚所致，贤者不免"。

明朝的文官到后来已经变质了。随着党争越来越激烈，随着他们对朝廷越来越失望,整个官场的文官也在破罐子破摔。不能否认这个时期仍然有很多伟大的文官,比如孙承宗、袁崇焕、史可法等,他们都是文官的优秀代表。但是从整个官场上来说,随着时代的推移,明朝从万历时期进入崇祯时期,眼看着农民军越来越壮大、清军频频入关,文官集团的主流趋势变成了放弃明朝政权,因为明朝已经无法保护他们的利益,他们需要寻找新的主人,以维护并扩大自己的利益。

在李自成建立大顺、向北京进发的过程中,明朝的文官纷纷投靠李自成;在多尔衮率军进入北京的时候,明朝的文官又纷纷投靠大清。所以说,明朝的亡国和文官的主流群体放弃明朝有直接关系。

第三章

明朝之亡是亡于东林还是亡于阉党？

第三章 明朝之亡是亡于东林还是亡于阉党？

东林党和阉党的斗争是明朝历史上，特别是晚明历史上的一件大事，它直接影响到明朝官场的走向，影响到明朝万历后期、天启和崇祯年间的政策制定和人心向背。如果没有东林党，就没有阉党；如果没有阉党，后来也就不会闹出那么大的事情。

东林党的出现，和明朝的"国本之争"是直接相关的。

说起来很好笑，万历皇帝十岁继位，二十岁的时候有了第一个儿子朱常洛，也就是天启皇帝和崇祯皇帝的父亲。但是，朱常洛的出身不好。帝王之家，子以母贵，母亲的身份高贵，儿子的身份才高贵。皇后的儿子叫嫡子，是最高贵的；贵妃的儿子也比较高贵。但是朱常洛出身微贱，他是万历皇帝一时兴起，和一个并不了解也并不真正喜欢的，李太后宫中的宫女生下的孩子，因此他被万历皇帝嫌弃地称为"都人之子"。这就埋下了明朝后期党争的导火索。

过了三年半，万历皇帝的第二个儿子出生了。严格说来，这个儿子是皇三子，因为原本的二儿子夭折了，所以皇三子就变成了皇次子，他就是后来大名鼎鼎的福王朱常洵。朱常洵是郑贵妃的儿子，而郑贵妃是万历皇帝最喜欢的女子，她比万历皇帝小两岁，与万历皇帝情深意长。万历皇帝在位后期，天天在宫里干什么呢？有人分析：第一，在抽烟；第二，跟郑贵妃讨论文学问题。

毫无疑问，因为孩子母亲的原因，万历皇帝不喜欢皇长子朱常洛，喜欢皇次子朱常洵。于是外廷的文官开始警惕了。

明朝有时候确实是文官坏事。文官恪守祖宗法度、圣贤道理，认为立皇子要以立嫡、立长为原则。朱常洛是皇长子，而万历皇帝的皇后没有儿子，既然没有嫡子，就立子以长，这叫"长幼有序"。实际上，这也有可能是他们想借此压制郑贵妃。他们担心皇帝和郑贵妃在一起，就会沉溺于女色，就会不管理国家大事。中国人很多时候都把男人干坏事归罪于女人，比如，把商纣王亡国归罪于妲己，把周幽王亡国归罪于褒姒。他们也不想想，就算没有郑贵妃，万历皇帝难道不会有王贵妃、冯贵妃吗？

朱常洵出生以后，内阁打报告，要求立皇长子朱常洛为皇太子。万历皇帝觉得这明显是针对自己与郑贵妃的儿子，所以不予理睬。但是，文官们不依不饶，持续地上疏，请求早立"国本"。

"国本之争"就是围绕着皇储发生的争论，表现最激烈的是下层言官——御史和给事中们。内阁大学士、部院大臣有时候要考虑皇帝的面子，说话比较委婉，但是言官绝不委婉。皇帝不表态、内阁部院玩矜持，言官们没有耐心了，把怒气指向了内阁，认为内阁在这个问题上立场不坚定，态度模棱两可，没有做到坚定不移。所以，言官们开始对内阁、部院进行谴责。明朝官场上小官骂大官、大官怕小官的怪事，从这个时候就开始了。年纪轻、资历浅的言官们理直气壮，站在圣贤道理、祖宗法度的角度，义正词严地抨击内阁不作为。他们得到了一些中下级官员乃至高级官员的支持和赞赏，其中就包括后来著名的东林党领袖顾宪成。

明朝灭亡的前兆出现在万历皇帝身上，他的母亲李太后应该负有一定的责任。有一句话说：母子齐心，其利断金。不知道李太后是同情自己宫中的这个宫女，还是对郑贵妃不满，抑或是和儿子吃醋，她坚定地支持外廷文官，要立宫女的儿子朱常洛为太子，反对立郑贵妃的儿子朱常洵为太子。这样一来，外廷文官和万历皇帝的母亲就站在了一条线上。我有时候也不理解，李太后本来是很有主见的，为什么在这个问题上没有和儿子站在一起？实际上，明朝曾经有过皇帝在太后的默许下废黜皇后的先例。比如，明宣宗让自己的皇后打报告辞职，然后改立他喜欢的孙贵妃做皇后。

这个时候，万历皇帝孤立无援。随着文官的不断抨击，万历皇帝表态了："我从来没有说过，也从来没有想过让老三做皇太子，你们为什么这么着急？"

在皇帝做出承诺后，文官们开始更加理直气壮地争论，从万历十四年（1586）开始，一直争到万历二十九年（1601），争了整整十五年。"国本之争"的过程，也正是东林和东林党出现的过程。

东林党的第一位领袖是大名鼎鼎的顾宪成。顾宪成是明朝南直隶的乡试解元。他人格高尚，坚持原则，甚至有点儿认死理。认死理是成为一个思想家的前提条件，但是作为一个官员，认死理的态度容易在官场引起各种矛盾。顾宪成也的确引起了诸多矛盾。他在吏部做文选司郎中，主持官员的考核，对一些声望不太好的官员大肆贬谪，引起了官场内部的动荡。

张居正死后，接替张居正担任内阁首辅的是申时行。这是一位擅长斡旋于官场的老江湖。黄仁宇先生写《万历十五年》时，就多次谈到申时行。申时行最擅长斡旋、调和，保持一团和气。但只有大家都和气，申时行的这一团和气才能够保持得住。"国本之争"开始以后，这一团和气就保持不了了。

后来，王锡爵接任内阁首辅。王锡爵是苏州太仓人，很有个性。他这样看待顾宪成的做法："你坚持原则是可以的，你有正义感是可以的，你品德高尚我也是钦佩的，但是你不能认死理，不能内阁有什么决定，你就跟内阁作对，这是不对的。"黄宗羲《明儒学案》、谷应泰《明史纪事本末》都记载了这样一件事：

王锡爵把顾宪成请到内阁面谈，说："我跟你说一件很可笑的事。"

顾宪成说："发生了什么可笑的事？"

王锡爵说："庙堂之是非，天下必欲反之。"

他的意思是，内阁一定会和皇上在国本问题上达成协议，让顾宪成不要着急，他会处理这个事。王锡爵觉得，外廷没有必要这么着急在短时间内解决国本问题，如果引起皇帝的反感，事情反而不好办。但现在的问题是，内阁说什么，顾宪成这些人就反对什么，这让他们怎么办？

这句话一出来，顾宪成即回了一句话："这种说法固然可笑，还有更可笑的事情。"什么事情比"庙堂之是非，天下必欲反之"更可笑？顾宪成说："天下之是非，庙堂必欲反之耳。"意思是，天下人的舆论希望怎么样，内阁、朝廷偏偏不这样，这是什么道理？

当然，两个人都是君子，继续保持一团和气，一笑泯恩怨。你说你的，我说我的，你说服不了我，我也说服不了你。

"庙堂之是非，天下必欲反之""天下之是非，庙堂必欲反之"，曾经我觉得这两句话证明了明朝的自由和开放，但后来我过了知天命的年纪，再读这条材料，就发现其中的问题大了：社会、舆论的多元化，已经严重冲击了国家的一体化。这条材料说明，明朝的文官已经涣散，人心已经不齐了。明朝的士大夫形成了很大的舆论势力，他们可以通过舆论鼓动群众，对内阁、皇帝进行压迫，但是他们从来不对后果负责。所以正如我上一章所说，明朝的文官对于明朝的灭亡是需要负很大责任的。

顾宪成后来又得罪了很多人，出了一些问题，因此被革职回家。他的老家在常州，于是他来到常州府的无锡。这里有一个始建于宋代的、由文化人杨时开创的著名书院——东林书院。顾宪成就在这里和他的弟弟、朋友开始讲学。和顾宪成志同道合的朋友越来越多，顾宪成的声望也越来越大。他不但在东林书院讲学，还被请到各地书院讲学，更不断有各书院和东林书院相互呼

第三章 明朝之亡是亡于东林还是亡于阉党？

应，形成了一种声势。

声势越大，东林书院、顾宪成的威望就越高，这就容易出问题了。包括顾宪成在内的东林人，觉得自己总是正确的，别人总是错误的，容不得向他们提意见的官员，也容不得和他们意见不同的学者。高层之中还能保持一团和气，但东林书院的弟子们将不同的观点视为异己，对它们进行猛烈的抨击，这引起了很多官员的反感。

顾宪成退休的当年，浙江宁波人沈一贯出任大学士。以他为首的一帮浙江官员不同意东林的看法，于是和东林的弟子们辩驳，他们被东林称为"浙党"。其他对东林的某些看法不同意的官员，也被东林的弟子们冠上了类似的名头：山东人被称为"齐党"，昆山人被称为"昆党"，湖广人被称为"楚党"，南直隶的宣城人被称为"宣党"。

所谓的"党"，都是政敌给他们安上去的，他们一般不会认为自己是"党"。在中国古代，人臣不党，有党必诛。官员是不能结党的。所谓的昆党、楚党等，都是东林书院的弟子们给别人冠上的，反过来，他们也被称为"东林党"。这个时候，阉党还没有出现，文官内部就已经四分五裂，闹得一团糟了。

所以毫无疑问，在晚明的所谓党争中，东林党应该承担很大的责任。

他们的确是一批富有正义感的人士。在讲学的同时评议朝政没有错，但是他们不能不允许别人评，不能禁止不同意见的发表。而且被称为楚党、浙党、宣党、昆党的人中，也有很多极其优秀的人，他们不愿意被别人称为"党"。实际上顾宪成、高攀龙也不希望自己被别人称为"东林党"，但有时候人是被形势推着走的。形势所致，贤者不免。一旦陷进去，再想脱身都脱不开了。

魏忠贤时代，有一位首辅叫叶向高。叶向高非常希望调和各党派之间的关系，把大家稳定下来，共同为朝廷出力。但是，后来叶向高发现他没有办法平息党争，还说了一句很有意思的话："谁愿意去争名夺利？谁愿意去弄党争？我们都是好朋友，但是真正激化矛盾的是下层。有时候，是下层的舆论在推着上层人士走。"

每一个时代都有派别之分，人们对朝政都有不同的看法，一旦形成派别之后，往往又有左、中、右之分，有温和派、激进派之分。如果一个时代各种不同的派别携起手来，以大局为重，调整各种矛盾，互相尊重，这个国家就能治理好。如果各派中的激进派推动各个派别陷入无序的纷争，你不服我，我不服你，那这

第三章　明朝之亡是亡于东林还是亡于阉党？

个国家就完了。

人们往往说是阉党坏事，但阉党出现之前，东林党和楚党、浙党、昆党等的争论就已经坏事了。这种争论不死不休，各党都在找机会来打击对方。

明朝有各种各样的官员考核制度：一是考满，文官三年一考，九年考满，考满就要升官；二是考察，地方官三年一考察，京中官六年一考察（这叫作"京察"）。考满是考政绩，考察是考官绩。

万历三十三年（1605）考察的时候，东林党人士掌管着专门进行考察的吏部和都察院。万历三十九年（1611），还是他们主持考察。在这两次京察里，东林党对齐、楚、浙、宣、昆各党进行了大规模压制。当然，他们的这种压制主要是针对小官的，压制大官需要经过皇帝的允许。这种做法引起了其他党派极大的反弹。万历四十五年（1617），换成浙党主持考察时，他们也借机对东林党人进行报复，东林党的低品官员和行事高调的官员，基本上都被用各种各样的理由贬了职。

六年后，到了天启年间，东林党重新掌管吏部和都察院，此时吏部由赵南星掌管，都察院由邹元标掌管。邹元标刚刚中进士的时候，有几个翰林院的官员抨击张居正夺情，因此受到廷杖。

邹元标在午门外目睹了这一场廷杖。廷杖结束后,他没有收起弹劾张居正的奏疏,而是继续投递,导致自己也遭到廷杖,一条腿落下了终身残疾。但是到了万历后期,也是他最早提出为张居正平反。应该说,邹元标是一个有气节、有原则的人,这样的人主持都察院,应该是非常公正的。

但是,在赵南星、邹元标的主持下,东林党人还是犯了老错误,甚至是变本加厉地犯了老错误。他们党同伐异,贬斥异己,一方面获得一片喝彩声,另一方面引起了极大的官愤、民愤。有人担心他们做得太过分会引起反弹,而反弹果然很快就开始了。

实际上,东林党引发的问题,在中国历史上都曾出现过,像东汉的"党锢之祸"、宋朝的"元祐党人案"等。非常不幸的是,这种事情在明朝接近于重演。从万历后期一直到整个天启时期,各种党争极大地损耗了明朝的元气。明朝之亡,不能不说与阉党和东林党的斗争有直接关系。

但到底是阉党的责任大,还是东林党的责任大,这就要看我们怎么分析了。可以这样说,即使没有阉党的出现,东林党和浙、楚、齐、昆、宣诸党的斗争仍然会延续。天启年间,东林党人执政,贬斥了诸党。但三十年河东,三十年河西,六年之后的京察,诸党就肯定不会东山再起吗?即便六年后他们没有东山再

第三章 明朝之亡是亡于东林还是亡于阉党？

起，十二年后呢？东林党人能够持续把控朝政吗？这很困难。东林党得罪的人越多，对立面越多，自身也就越危险。而且，东林党打击对手的手段越严厉，反弹的力度就会越大，对手的手段也会更加严厉。

在天启年间那一次京察之后，朝野上下有一阵子欢欣鼓舞。当时的朝廷被称为"众正盈朝"：东林党人认为，内阁、吏部、户部、都察院、六科给事中和十三道监察御史都是他们的人，他们的人都是正人，所以这是"众正盈朝"。

但是，任何一个看上去是"众正盈朝"的时候，都是危机四伏的。被他们贬斥为小人的那些"非正人"，一定会通过各种办法进行反击。东汉是这样，宋朝是这样，明朝同样如此。如果没有魏忠贤和阉党，东林党和其他诸党的斗争将长期延续。恰恰因为有了魏忠贤，各党对东林党人的报复，不用再等六年，更不用再等十二年，而是马上开始了。

魏忠贤可以说是天启年间一种妖孽般的存在。《明史》和《明史纪事本末》都根据时人的描述，给魏忠贤做了画像：

第一是无赖。他是个无籍之徒，没有正当的职业，不务农，不经商，没有从事手工业，更没有考科举，是社会上一个流浪的混混儿。

第二，此人有至少三个喜好，一是喜欢喝酒。喜欢喝酒的人往往酒肉朋友多，人脉都很强大。二是喜欢赌博。赌博是个恶习，赌博场上无父子，这说明他不讲情面。三是喜欢骑马射箭。据说他射术和骑术都非常好，经常是"奇中"，别人都射不中，只有他可以射中。这三个爱好显示他性格果断，非常有担当，有胆识。此外，魏忠贤虽然目不识丁，但是博闻强记。我看到这些材料，觉得在这个时候的明朝，从办事的角度看，几乎没有一个文官能比得上这么一个人。甚至可以说，他具备政治家需要的一切特点。但非常不幸的是，他的名字叫魏忠贤。这是他本人的一个悲剧，也是明朝的一个悲剧。

大概在二十来岁的时候，魏忠贤与人赌博，欠下赌债。他被对方逼债，走投无路，干脆自宫成为宦官，进入皇宫。从年龄上来说，他比万历皇帝小约五岁。到了宫里，魏忠贤被分配在提督东厂太监属下，所以他对东厂非常熟悉。后来，在机缘巧合之下，魏忠贤被分配去伺候当时已经被立为皇太孙的朱由校（后来的明熹宗天启皇帝），成为朱由校门下的宦官。魏忠贤比朱由校大四十岁左右。按当时的年龄来看，魏忠贤不但算得上是长辈，而且算得上是祖辈了。魏忠贤对这个比自己小四十来岁的皇太孙投入了感情和爱心，千方百计地呵护他、养育他，使得朱由校对

第三章 明朝之亡是亡于东林还是亡于阉党？

魏忠贤产生了深厚的感情。

有意思的是，魏忠贤和朱由校的乳母客氏，即使不是一见钟情，也是性格投缘。他们成了好朋友，甚至有史料记载说，他们是"对食"，也就是情人。

这样一来，魏忠贤既得到了皇长孙的重视和信任，又得到了客氏的支持，人脉关系极其强大。等到朱由校继位之后，魏忠贤就走上了升官发财的快车道。他虽目不识丁，但排除了所有障碍，打破了所有制度，成了司礼监的秉笔太监，对政事有了发言权。魏忠贤不但是司礼监的秉笔太监，还提督东厂，拥有侦缉权。此外，他还提督宝和三店（宝和店是皇店），这就使他有了经济来源。

到了这个时候，魏忠贤的势力越来越大。他有胆识、博闻强记又心狠手辣，所以迅速成为宦官的首脑。而被东林党压制、排斥和打击的昆党、浙党、宣党、齐党、楚党等派系，也开始依附于魏忠贤。开始时他们攀不上魏忠贤，就攀附魏忠贤的亲戚，攀附魏忠贤手下的小宦官。各党的头面人物也开始依附于魏忠贤。掌权的东林党人一看，诸党依附了魏忠贤，有了更大的靠山后又开始死灰复燃，就觉得要想压制诸党，必须先打击魏忠贤。于是，东林党人把抨击的目标对准了魏忠贤。这又是一个策略上的失败。

吏部尚书赵南星是东林党人的头面人物，清正廉洁，不徇私情，魏忠贤很佩服他。但是，赵南星不但瞧不起魏忠贤，还不断给他脸色，当着明熹宗的面奚落、斥责他，这就为日后埋下了隐患。

这时出了一件大事。"东林六君子"之一的杨涟上书弹劾魏忠贤，历数魏忠贤的种种罪行，列出了二十四大罪状。这二十四大罪状一传出，所有人都认为魏忠贤这回罪责难逃，死定了。其实并非如此。我想强调一个事实：几乎所有时代文官和宦官的斗争，都是以文官失败而告终的。为什么？因为疏不间亲。文官们根本不知道皇帝在想什么。他们认为的天大的事情，在皇帝那里，其实根本就不是事情。

杨继盛当年弹劾严嵩，根本不说"严嵩"两个字，他把"严"字改成了"贼"字，整篇奏疏里都是"贼嵩"如何如何。但是嘉靖皇帝一看，这不都在说他吗？奏疏里提到的很多事情是朝廷办的，并不都是严嵩办的，而且很多罪状都是吹毛求疵的。

徐阶在整严嵩的时候，将他的儿子严世蕃下狱，大理寺罗列了他的种种罪状，准备置严世蕃于死地。徐阶一看，笑了，说："你们要替严世蕃开脱？"

大理寺的大臣们急了："徐大人开什么玩笑？我们是要严惩严世蕃。"

徐阶说："你们把这样的罪状提交上去，严世蕃马上就能出来。因为你们说的这些事情，都是朝廷的事。"在徐阶出主意之后，严世蕃才被处死。

只有皇帝身边的人知道皇帝真正想什么。士大夫弹劾宦官的时候，经常不得要领。

杨涟列出的二十四大罪状，不但没有扳倒魏忠贤，反而把魏忠贤彻底推到了东林党的对立面。魏忠贤心中仅有的一点儿对东林党人的敬意和宽容荡然无存了，从此决心要杀戮东林党人。

当然，也有些"有识之士"看得很清楚。这些"有识之士"主要分两类：

一类是东林党人或同情东林党人的有识之士，他们觉得杨涟这一弄，弄得连回旋余地都没有了。当时的内阁首辅叶向高看到了这一点，他向皇帝提议，让魏忠贤暂避锋芒，回家休养一段时间，这就是讲策略了。天启皇帝没有同意，在他看来，杨涟弹劾魏忠贤的二十四大罪状，绝大多数是诬陷，是不实之词，并且这二十四大罪状还有讥讽朝廷、讥讽皇帝之意。

还有一类是浙党、昆党、齐党、楚党、宣党里的"有识之士"，他们一看到杨涟列出的二十四大罪状，非常高兴，觉得他这是在自寻死路，是在帮他们的忙——魏忠贤起先不忍心对东林党下手，现在这个"二十四罪"一出，终于决心下手了。于是，他们更加坚定不移地投靠魏忠贤，而东林党人将他们统统斥为阉党，并且坚定不移地和他们划清界限，阉党就此形成。

但是有意思的是，所有被东林党人斥责为阉党的人，从大学士、吏部尚书到六科给事中，并不因此为耻，而是以此为荣，他们认为自己是走在一条康庄大道上。到了这时，这场党争出现一个奇怪的现象：无论是东林党还是阉党，都认为自己是正确的，都认为自己是正人，都斥责对方是奸邪。

当时有人发表评论，说正德年间依附于刘瑾的官员都是偷偷摸摸的，唯恐别人知道；但是到了天启年间，大家依附于魏忠贤，都觉得自己光明正大，没什么丢人的。大家看到，凡是依附于魏忠贤的所谓阉党，无不加官晋爵；凡是和阉党、魏忠贤作对的，无不遭殃，高级官员被逼辞职，低品官员直接被贬斥，甚至被下狱。以杨涟为代表的所谓"东林六君子"统统被下狱，他们有的被处死，有的自杀，有的死在狱中，造成了一场极大的冤狱。如果说他们犯了罪，那就是指责了魏忠贤、和所谓的阉党对抗。这实际上不是什么罪，但是在那时就变成罪了。

第三章　明朝之亡是亡于东林还是亡于阉党？

一旦官场和社会疯狂到这样的程度，就是时代的悲剧了，因为在这种情况下没有道理可讲。东北的女真人步步紧逼，没有人去管，熊廷弼在东北抵御女真兵，立下大功，但是也因为党争的问题被斩首，传首九边。这样一来，谁还给朝廷办事？那就只有一条路可以走了——依附于阉党。

北京的官员通过各种关系成为阉党，地方官也想攀附魏忠贤。但地方官见不到他，于是有人投机取巧，在自己的管辖地界内建立魏忠贤的生祠（也就是在魏忠贤还活着时就给他建庙），来表彰他的丰功伟绩。有人向魏忠贤报告说："某地已经有你的生祠了。"魏忠贤一听说此人是谁，就立即给他升官。这就成了一种榜样，其他的地方官也纷纷效仿：这个县立生祠，那个县也立生祠；这个府立生祠，那个府也立生祠。

开始的时候，谁立了生祠，魏忠贤知道后就给予谁奖励。到了后来，全国各地都立生祠。如果有谁不立生祠，被魏忠贤知道，那他就要受到惩罚。这样一来，国已不国，朝廷也不朝廷了，人们完全没有是非之分，也不再认真办事，而是在意气用事。

这样的情况，一直延续到崇祯皇帝上台以后魏忠贤被杀才告一段落。崇祯皇帝继位以后贬斥阉党，可东林党人再次出手，继续党同伐异。

明朝为何说亡就亡

有两个数字能说明当时有多少人被卷入党争。

在阉党执政期间,有一个阉党叫韩敬,他按照当时非常流行的小说《水浒传》中的一百零八将,把他们认为的东林党人一个一个列出来,编为《东林点将录》:有"五虎上将",有"正面先锋",还有"及时雨",等等。《东林点将录》一共列出了"一百零八将",从内阁的大学士、六部的尚书侍郎、都察院的都御史,一直到各部的主事、给事中、御史等。它得以推广,靠的是另外一个叫王绍徽的阉党。韩敬和王绍徽都不是等闲之辈。

韩敬是宣党首脑汤宾尹的学生,天分极高,儒、佛、道三教皆精,深得汤宾尹的器重,通过汤宾尹的违规操作,韩敬连中万历三十八年(1610)的会元、状元,后来因此被弹劾。天启年间,韩敬投靠阉党,弄了《东林点将录》,并且堂堂正正地署上了自己的籍贯和名字:"归安韩敬。"归安在现在浙江省湖州市,在明朝是湖州府的归安县。如果谁是归安县的人,就像是杭州的钱塘人、苏州的长洲人一样光荣。

王绍徽是陕西人,在魏忠贤掌权的时候曾做到吏部尚书。他在做六科六部的官员时曾经是一个非常正直的人,干了很多好事,但是由于出身不好,不是东林党人,而被东林党斥责为阉党。

等到崇祯年间,翻盘的东林党人又搞《奸党录》,一共惩治了三百多人，同样也是从内阁大学士、司礼监太监到各部官员。

东林党、阉党里都有很多有识之士，但是，一旦他们在这个疯狂的时代被卷进党争，明朝直接就会被拖垮。

可以说，明朝的整个官场都被卷入党争之中。明朝的灭亡，无论是阉党还是东林党都应该承担责任。

第四章

明朝之亡是亡于无钱还是亡于无兵?

第四章 明朝之亡是亡于无钱还是亡于无兵？

历史上往往有很多相似的事。宋朝时，王安石想通过变法解决积贫积弱的问题。有人因此产生误解，以为宋朝的经济很落后。事实上，到了仁宗、神宗时代，宋朝经济已经很发达了，财富也已经非常多了。大家说宋朝积贫，其实指的是朝廷贫。

明朝也一样，自明太祖在废墟中建立明朝以后，通过百年的发展，明朝已进入一个多元化社会，农业在发展，手工业在进步，商业在繁荣，城市更在繁荣。当时不仅有"上有天堂，下有苏杭"之说，还有被称为"花都"的扬州和被称为"仙都"的南京，这都是城市繁荣的表现。明太祖时期虽有海禁，但民间走私从来没有中断过。隆庆年间，月港开海，民间的海外贸易取得了合法地位。万历时期，澳门成了"雄镇"，海外贸易也更繁盛了。

但是，明朝经济的发展、社会的进步、城市的繁荣、财富的积累，主要是民间的积累，而不是朝廷的富有。特别是禁海令一出，明朝就把海外贸易的财路给切断了，即使后来有月港开海，也无济于事。这里我要引用厦门大学林枫教授的一个研究成果：当时的月港通海进出口的贸易中，明朝政府能够收到的税大概连商人利润的百分之一都不到，至于澳门被葡萄牙占领，能收到的税就更少了，而且大量的贸易都是走私。明朝的禁海实际上主要禁的是朝廷，无法禁到民间，也禁不了大规模的走私贸易。大量的白银进入明朝，但它不是朝廷的，而是商人的。

所以，明朝社会在发展，财政却没钱，这是因为制度的缺陷。黄仁宇教授有本书，《十六世纪明代中国之财政与税收》，专门对相关问题进行了研究，取得了很好的成果，大家有兴趣可以看看。

明朝的税收制度是明太祖制定的。明太祖以农业立国，将农业税作为立国之本，所以明朝的税收主要是农业税。明太祖的时候，官方数据显示，天下土地是八百五十多万顷，但实际上真正的税田只有四百多万顷。一百年以后，能够收到税的数字反而进一步降低了，这是因为大户在不断隐瞒数字。

明朝初年有两种"册"：一种叫作"黄册"，就是赋役黄册，所谓"赋役之法定焉"；一种叫作"图册"，即鱼鳞图

第四章　明朝之亡是亡于无钱还是亡于无兵？

册，用来记录土地归属，因此"土田之讼质焉"。哪块土地是谁家的，通过鱼鳞图册可以辨别出来。

黄册十年登记一次，将人的户口、财产全部登记后，收税就可以靠黄册了。南京后湖（今玄武湖）有黄册库，专门收藏当时全国的黄册。黄册虽然在制度上是十年一造，但是越到后来越流于形式，越到后来越是抄前面的。

各位读者有兴趣的话，可以看看《大明会典》（弘治年间书成，万历年间重修），其中人口是用户数翻五倍来计算的，有多少户数，翻五倍就是它的人口数。所以户数隐瞒得越厉害，人口隐瞒得也就越厉害。

曹树基等学者的研究成果是，明朝到了后期，人口绝对超过一亿，但是一直到张居正时代，朝廷所掌握的户口数字也只有一千多万户、五千多万口。还有五千多万口都瞒报了，且朝廷不是不知道，而是没办法查清。所以，黄册形同虚设，地方官要真正掌握地方情况，要靠另外一本册——白册。上报给朝廷的资料和官员自己所掌控的资料是不一样的。有心的官员在用黄册应付朝廷的同时，用白册管理地方，有了白册，才能够摸清当地户、田、人、税的情况。

明朝以农业税为主，而农业税又不好持续增高。因为农业

079

的增产很困难，还可能碰到旱灾、水灾，经常会减产，所以在真正缴税的时候，是缴不了黄册上规定的那么多田粮的。洪武年间的税田是四百四十多万顷，到了弘治年间有所减少。到了万历年间，通过张居正的"土地清丈"增加到七百多万顷，税粮也增加了很多。张居正变法以后，明朝每年的田粮税收大概是两千五百万两。包括黄仁宇教授在内的一些学者认为，明朝这时每年的税收有四千万两银子左右，其中田粮税将近两千五百万两，再加上盐税、工商税、畜牧过往税以及其他，一共将近四千万两。

但是我最近看了一个学生的文章，他提出了中央财政和地方财政的说法：表面上，每年总税收是四千万两银子，但其中一半以上要存留在地方，以应付地方的开支、官员的俸禄、地方官军的饷银以及明朝宗藩的宗禄。禄米大部分放在这里，所以财政是不能动的。

万历年间，每年到户部最大的仓库太仓的是四百万两银子左右，但这四百万两银子不一定每年都能收得到。万历五年（1577）或六年（1578），到太仓的税银是四百二十多万两，超过了四百万两。当年的支出（主要是百官的俸禄、军队的饷银）是三百九十多万两，结余三十万两。但是到了第二年，太仓只收

第四章　明朝之亡是亡于无钱还是亡于无兵？

到三百六十多万两税银，就连发军饷都不够了。

可以说，明朝几乎每年都是财政赤字，嘉靖以后，情况就更加严峻起来。到了万历时期，不但是财政收不抵支，皇帝还不断地从户部的太仓要银子。

人们往往以为皇帝富有天下，应该很富裕，但事实未必如此。明朝的皇帝和历代皇帝一样，每年的开支都是固定的。明朝不仅官员二百多年不涨薪水，实际上皇帝的用度也是不涨的。经济发展了，皇帝的用度却不增长，皇帝就觉得自己变得越来越穷，要想办法弄银子。比如正德皇帝就想了一个办法，他让宦官到北京各个门，包括崇文门、张家口等，去收过往的商税，直接提供给皇室。

而万历皇帝没这个本事，他要求张居正每年增加二十万两银子作为皇帝的用度。每年二十万两皇帝用度加上三百八十万两左右的军饷，就是四百万两。如果地方收不上来这么多，又不能欠皇帝的钱，那就只能欠军饷。所以嘉靖以后，明军的军饷经常被拖欠，和前期是不一样的。

明太祖曾有一句豪言壮语："养兵百万，不费朝廷一粒米。"明太祖养活军队，靠的是屯田。当时的军队实行屯田制，采用卫所制，卫所把三成的军队用于防御，让七成的军队在内地屯田。

而边境的防御任务多一些，所以屯田的军队少一些，但是每个军士也都有屯田的土地，所以后来粮食叫作"屯田子粒"。永乐初，屯田的收入一度达两千四百万石，相当于农户所纳田粮的三分之二，说明那个时候屯田的效果是很明显的。但是，随着后来人口的增长，屯田被宦官、豪强侵占变成农田，或者成了皇家的皇庄，屯田的收入就大大减少了。

到了嘉靖以后，特别是到了万历以后，明朝的军费开支年年呈现赤字。一方面朝廷财政不足以支撑军费开支，另一方面军官还要克扣军饷，所以能够发到军士手中的粮饷就更少了。

嘉靖二十九年（1550），鞑靼的军队兵临北京城下。兵部调集北京附近的军队，才发现很多士兵上不了马、持不了枪，因为真正的士兵都到外面做生意去了，留下的军饷又都被军官瓜分了。到朝廷检阅的时候，军官再临时用钱雇来市井之徒充数。此时的明军，就变成了这样一支军队。

到了万历时期，因为张居正变法，朝廷的财政出现过一个收入和支出基本平衡的阶段，但是随后又出现了几大问题：

第一，皇室的用度不断增加。

第二，军队也发生了变化。原来的卫所军户已经不能打仗了，所以明朝从卫所里调集一部分军队成为班军，轮流到北京去

第四章 明朝之亡是亡于无钱还是亡于无兵？

参操，同时开始用雇佣兵。以熊廷弼时期为例，天启年间，他养一个兵一年要十八两银子，养一万士兵就要十八万两，养十万兵就要一百八十万两。所以，财政收入远远不够支付给军队的钱。

第三，接下来发生了"万历三大征"，即宁夏之战、播州之战和朝鲜之战，其中朝鲜之战的规模最大。这三场战争一共用了将近八百万两银子。户部没有这么多钱，就要向另外一个仓库——太仆寺去借。

太仆寺是兵部下属的一个衙门，原本是专门管军马的。后来马交给民户去养了，而民户给朝廷银子，所以这笔钱就叫作"马价银子"。到万历年间，太仆寺的马价银子储备有一千万两以上，变成了朝廷的一种预备金。

由于"万历三大征"，由于皇帝每年要增加用度，由于"国本之争"在万历二十九年（1601）告一段落（我想朱常洛绝对没有做太子的打算，是文官们终于如愿以偿地让皇长子坐上了皇太子之位）后朱常洛要大婚，还有福王、潞王等人要大婚、就藩，太仆寺借出了一千多万两银子。

到了万历三十五年（1607），据太仆寺提供的数据，整个太仆寺的预备金只剩下二十多万两银子。这个时候女真的问题还没有出现，女真的问题一出现，朝廷的钱粮就更少了。

崇祯时期，有一个工部主事到节慎库（工部的仓库）巡视，发现库中只有一千四百两银子。他觉得这样的情况又悲哀又可笑，于是说了一句自嘲的话："朝廷一贫如此，令人发笑。"事实上，他这哪里是发笑，简直是连哭都没有眼泪。

实际上，早在万历三十二年（1604），万历皇帝不断要求户部从太仓拿银子的时候，户部尚书和内阁首辅就在相对而泣了，泣的就是朝廷没钱。

从某种角度看，与其说明朝是被李自成推翻的，或者是被清朝替代的，不如说明朝是"穷死"的。万历二十四年（1596），两宫失火，紧接着三大殿失火，朝廷拿不出银子来重建宫殿，只有派出矿监税使，以这个名义到外面弄银子。

明朝朝廷没钱，但民间还是有钱的。

崇祯年间，清兵在北方步步相逼，南京的徽商却还有钱请戏班子打擂台。一些徽商支持这个戏班子，另一些徽商支持另外一个戏班子，看哪个戏班子演戏时观众更多。

当时的大家族一般都养着戏班子，能养好几个戏班子的家族是非常富有的。绍兴有一个姓张的大户人家（张岱就是这家人的子弟），在北方战争明军一败涂地、朝廷没钱应付的时候，他们家的戏班子照常演戏，而且把来自杭州、南京的戏班子都打

第四章 明朝之亡是亡于无钱还是亡于无兵？

败了。

《金瓶梅》是中国历史上文人创作的第一部长篇小说，明朝"四大奇书"（《三国演义》《水浒传》《西游记》《金瓶梅》）之一。书中有这样一个细节：前后两任巡按御史交接，西门庆通过前任巡按御史，请后任巡按御史到家里吃饭。为了摆这一桌饭局，西门庆用两千两银子打造了一套纯银餐具，准备吃完饭以后，就把这套餐具送给新上任的巡按御史，以此来跟新的保护伞打好关系。

一个有钱人给七品巡按御史的见面礼就是两千两银子，而崇祯时期，工部的仓库中总共只剩下一千四百两银子。可见此时的明朝社会在发展、财富在积累，只是朝廷没钱了。

那么明朝是亡于无兵吗？明朝的军队从来没有少于过一百万人，怎么能说是缺兵呢？事实上，明朝是缺能打仗的兵，更缺朝廷能够指挥得了的兵。

明朝的军事制度继承于元朝，实行军户制：父亲当兵，儿子继续当兵，这个家庭就是军户，和民户、匠户、灶户等区别开来。明朝把各种各样的人群分为各种各样的户，是什么户，以后就干什么事，所以军户是要承担提供兵源的任务的。

另外，明朝的将领也是世袭制，这种制度实际上并不适合明朝。元朝来自草原民族，生来就会打仗。但明朝只有第一代将领是跟着明太祖朱元璋起兵的，能打仗，他们的下一代可能就不能打仗了。

到了明朝中后期，明朝的卫所也发生了变化，变成了一种养军服役的地方。政府要单独从卫所里抽调一些精锐军队，以营为单位另外编组，一个营三千人，靠他们来打仗。正统年间，于谦就已经开始这样做了，这些重新编组的军队叫作"团营"。后来明武宗也这样做，于是明朝的军队由原来的军演变到后来的兵，打仗是靠营兵的。

随着时代、经济和人们观念的发展，明朝军人的地位急剧下降。中国有句民谚："好男不当兵，好铁不打钉。"在人们眼中，好男人是要考科举、出仕的。王阳明一直想要做圣人，做像马革裹尸的马援、投笔从戎的班超那种圣人，但是明朝已经失去了那样的时代环境，他只能回到书桌前，通过考科举、出仕，来为朝廷做贡献。

我有一个朋友研究民间文学，他跟我说，在汉族的文学中，如果皇帝、宰相的女儿到了婚龄要招女婿，会搭台楼、抛绣球，最后一定会把绣球抛在一个秀才身上，这就是价值观的体现。如

第四章 明朝之亡是亡于无钱还是亡于无兵？

果是蒙古族、女真族的女儿，她一定不把绣球抛在读书人身上，而是要抛在勇士身上，她要选一个骑马、射箭最厉害的人。按她们的标准，甚至可能会抛在魏忠贤身上，因为魏忠贤才是娴熟于骑射的人。这就是汉族和蒙古族、女真族价值观的不同。

明朝继承了宋朝崇文抑武的价值观，武官被视为武吏，身份只是吏，监察御史可以对他们发号施令。明朝军队的结构是这样的：总兵官是军人，提督是文人，监军是太监。军人的地位急剧下降，好男儿不当兵了，所以军队的战斗力也就越来越弱。

尽管朝廷每年要花几百万两银子养兵，但是军队的战斗力还是不行，这种情况从"土木之变"就可以看出。不过在"土木之变"发生时，严格来说明军还有能打的，而嘉靖年间，军队不能打仗的情况就更严重了。嘉靖时期有两大外患：一个叫作"南倭"，指倭寇；一个叫作"北虏"，指盘踞在北方河套地区的一些蒙古部落。那些蒙古部落想什么时候南下就什么时候南下，明朝军队无力阻挡。

成化年间，两个蒙古汉子赶着几千头牛和羊，掳掠了几百个汉族的老幼妇女，踩着已经结了冰的河面，大摇大摆地渡过黄河，但是"九边重镇"之一的固原镇明军竟然不敢出击。正德年间，明武宗北伐，带着浩浩荡荡的军队和蒙古人打了一架，只杀死了七个蒙古人，回来以后封赦的将士却有九千七百多个。可以想见，明军根本就没有和蒙古的主力军对战，而只是攻击了一些散兵游勇。在和蒙古人对峙的态势中，明朝的军队已经不能打了。

此外，对于倭寇，我一直认为"抗倭"的说法是不对的。明军是国家的军队，倭寇是日本的浪人（属于散兵游勇）和很多沿海地区打扮成倭寇形象的民众的统称，二者之间的战斗怎么会用"抗"？由此可以看出，这个时候明朝的军队已经没有战斗力了。所以"无兵"指的不是军队的数量，明朝军队的数量从来就没少于一百万；"无兵"指的是他们不能打仗，有这些军队跟没有完全一样。

当然，后来明朝也出现了一些能打仗的军队，在东南沿海出现了俞大猷和戚继光的"战争机器"。戚继光在浙江招矿工组建戚家军，演练鸳鸯阵，并且从外面购买或者从海盗手里缴获的火器，比起倭寇的武器来也丝毫不逊色。所以戚家军打倭寇几乎是所向披靡。

倭寇被基本消灭后，这台"战争机器"转移到了北方。戚继光做了蓟州总兵、神机营副将。明朝的神机营是专门管火器的。戚家军的火器很厉害，这支军队后来在万历东征援朝的时候起了非常重要的作用。

第四章 明朝之亡是亡于无钱还是亡于无兵？

我在《百家讲坛》讲《万历兴亡录》的时候，把戚继光推为明朝将领第一人，却有处细节没说好：我说戚继光的影响力没有李成梁那么大。其实，虽然李成梁家族出了八九个总兵、副将，而戚继光家族没有，但戚继光训练出了一支真正的军队，并且编了两本书——《纪效新书》《练兵实纪》，这是戚继光根据领兵、练兵的经验写下来的，绝对不是纸上谈兵。戚继光的这台"战争机器"既在剿灭倭寇的过程中起了重要作用，又在北部边境防御时起了重要作用。到了北边以后，戚继光主要持防守战略。我们现在看到的从山海关到居庸关的这一段明长城，就是由戚继光主持修建的。戚继光守边十六年，留下了这样一份宝贵的财富。

另外一台"战争机器"在东北，是在张居正的支持下，由上文提到的李成梁负责打造的。李成梁后来凭借战功被封为宁远伯，他的儿子李如松、李如梅、李如柏也都升至总兵。从万历年间开始，明朝和蒙古、女真对峙，靠的就是这一台"战争机器"。

李成梁的军队后来由儿子李如松继承。明朝在援朝战争期间攻打平壤的战役中，靠的是两支军队，一支是李成梁的李家军，另一支是由戚继光蓟镇兵带去的火器军队。明朝靠着他们才得以帮助朝鲜打下平壤。但是在碧蹄馆遭遇战中，李如松带去的家丁

089

伤亡大半，李家军的战斗力急剧下降。

在朝鲜战场上，不仅有戚家军、李家军这两台"战争机器"，还有宣大（明朝宣府镇、大同镇的合称）麻贵的"战争机器"和西南刘綎的军队，以及广东的陈璘所部。这些军队之所以能打，一个重要原因是他们用的是"兵"，特别用的是"丁"。这是他们在打造"战争机器"的长期过程中物色、培养的精锐军队，是将帅的私人军队。兵在精而不在多。南北朝的时候，葛荣带领六镇造反，号称有八十万大军。尔朱荣只有八千军队，却能够从山西打到河北，直闯葛荣的大营。尔朱荣用八千战胜八十万，靠的就是私人军队，他们是拼命打仗的。

明朝能打的军队就是这些，都是由边疆将领在战斗中培育起来的自己的军队。这些军队需要军饷，但是朝廷的军饷不够，于是他们就要就地取材，因此军纪涣散、残害地方的情况也就无法避免了。

清兵南下的时候还遇到了一支很厉害的军队，就是郑成功的军队。明朝禁海没有禁到民间，而是禁到了朝廷，所以明朝的海防力量后来非常薄弱，不堪一击，否则也不会让倭寇在沿海肆虐。郑芝龙、郑成功父子当年是海盗，他们手下这支后来归降南明的军队，正是由海盗军队收编的。郑成功带着这支军队，一度

第四章 明朝之亡是亡于无钱还是亡于无兵？

打到南京城墙下，后来退据台湾。这支军队同样也是郑氏父子打造的私人军队，而不是明朝的军队。我在《国史通鉴》的宋辽金元篇中说，1140年前后，金兵和宋军对抗，双方都发现不认识对方了。金兵不是原来的金兵，宋军也不是原来的宋军，此时的宋军是岳家军、韩家军。明朝的情况和南宋是相似的。

明朝后期，既无钱又无兵，军队的数量虽然很多，但是当明朝掌控不了局势的时候，军队就不听朝廷的话了。

袁崇焕成名于宁远一战，他守城用的火器来自澳门，号称"红夷大炮""威武大将军"。女真人从来没见过这种炮，所以在宁远城下吃了亏。明朝发现火器太有用了，意识到应该打造火器。在徐光启的建议之下，明朝购募"西炮葡兵"：采购西方的火炮，招募西方的教师，训练新兵。以尚可喜为首的几个将领统率这支新兵，在山东登州一带训练水师。这支水师后来和毛文龙又有了关系，毛文龙活跃在辽东半岛和山东半岛之间，凭借这支水师以及其他军队，不断骚扰女真后方。女真要向东发展的时候，不得不顾忌这一支军队。但是这支军队不听朝廷使唤，所以袁崇焕做督师的时候，才想要拿毛文龙开刀树威。

崇祯皇帝重新起用东林党人，从松江府请退休官员钱龙锡做大学士。但是天启年间阉党和东林党斗得一塌糊涂，这时朝廷已经很难收拾局面，根本无暇管外部的事情。清兵席卷整个辽东，西北又有农民起事，钱龙锡为此请教他的老师、当时的名人陈继儒。

钱龙锡请教道："朝廷的事该怎么办？"

老师给了一个建议："拔一毛而利天下。"

所谓"拔一毛而利天下"，是说在这个时候，明朝每一个既得利益者都要放弃自己的部分既得利益，齐心协力把朝廷维持好，把这个国家维持下去。

钱龙锡到了内阁以后不久，就和袁崇焕见了面。袁崇焕说到准备解决毛文龙，钱龙锡吃了一惊："眉公真神人也！"意思是他的老师怎么知道袁崇焕要"拔一毛"（杀毛文龙）呢？这个眉公指的就是陈继儒。陈继儒特别崇拜苏轼，所以自号"眉公"，外人称之为"陈眉公"。

崇祯二年（1629），袁崇焕借着视师的机会，去皮岛巡视，将毛文龙抓捕斩首。这样一来，悍将固然伏法，但是他手下那些骄兵却全部散落到了女真一方。尤其是明朝最厉害的那支由葡萄牙军官培训的火器军队，他们在尚可喜等一帮人的带领下，乘着海船，浩浩荡荡从登、莱驶向辽东，全部投降了清兵。从此以后，清兵不但在野战中可以席卷而下，而且在攻城战斗中，火器也比明军更厉害了。

到南明也是一样,左良玉的军队不听福王的指挥,各镇军队不听督师史可法的调遣。

明朝后期,无钱不是真正没有钱,而是朝廷财政空虚;无兵也不是真的没有军队,而是没有能够打仗、听从调遣的军队,是骄兵悍将不听朝廷指挥。明朝就在这样"无钱"又"无兵"的状态下,走向了灭亡的结局。

第五章

明朝之亡是亡于"流贼"还是亡于女真?

第五章 明朝之亡是亡于"流贼"还是亡于女真？

"流贼"是明清统治者对李自成、张献忠等人的称呼，后来毛泽东也称李自成起义为"流寇式"的农民起义。那么大明是亡于以李自成、张献忠为代表的"流贼"（农民起义军），还是亡于以努尔哈赤、皇太极为代表的女真势力？

在我看来，明朝像是北方农民磨子上的小麦或者高粱，李自成、张献忠等领导的农民军像磨底，努尔哈赤、皇太极的女真则像磨盖。而如果没有磨盖，或者没有磨底，这个磨就无法运转；一个磨底、一个磨盖配合着不断地磨，就活活把明朝磨成了齑粉。

所以，如果说明朝灭亡的直接原因，应该是农民军和女真军的双重打击。在这种双重打击之下，明朝是没有办法延续下去的。

已故明史学家顾诚教授专门就明末农民战争写了一部《明末农民战争史》，是明史研究的经典著作。读者如果对李自成、张献忠的活动感兴趣,可以读一读这本书。

二十世纪七八十年代,姚雪垠先生写了小说《李自成》,从第一卷到第三卷,用文学的笔墨描绘了李自成、张献忠的生平事迹,将明末农民战争的图景展示得非常壮观。当然,任何小说都有自己的问题,《李自成》把农民起义军的领袖塑造得非常"高大全",把崇祯皇帝描写得很刻薄、刚愎自用。不过这都是文学作品的一种塑造方式。金庸先生也曾经写过一本反映明末农民战争的小说《碧血剑》。

中国历史上的许多个皇朝都是被农民战争摧毁的。秦朝的灭亡和农民军有关;西汉的灭亡毫无疑问是因为绿林、赤眉起义;东汉的灭亡和黄巾军不无关系;隋朝末年有农民大起义;唐朝末年有黄巢等人的起义。有意思的是宋朝没有比较大的农民起义。宋朝虽然有一个方腊起义,但是没有成气候,尽管《水浒传》把梁山好汉的起义描绘得很壮观,但实际上只是小打小闹。到了元末、明末,又有农民战争。

有读者问:"为什么在秦始皇统一中国以前的春秋战国时期没有发生过大规模的农民战争?"

因为那个时候还没有建立大一统的国家政权,加上诸侯混战,人力、物力都投入这些战争之中了,所谓的"农民起义"就

第五章 明朝之亡是亡于"流贼"还是亡于女真？

无法形成。那个时候也还没有完全酝酿好农民的阶级或者农民的社会群体。直到秦始皇统一中国，才把所有农民都聚集起来。用马克思的说法，本来个体农户是一个个独立的马铃薯，在国家政权建立以后，特别是秦始皇的大一统建立以后，用"秦"这个麻袋把农民装起来了，所以农民的力量才显得壮大起来。

天启七年（1627）七月，澄城王二起义，揭开了明末农民战争的序幕。直到清朝的康熙前期，"夔东十三家"才最后失败。这场战争前后持续了三十多年，对中国社会的影响非常大。历朝历代都有"流贼""流寇"，但是论危害之烈、祸害之深，没有能超过这一场的。

这场农民战争的直接后果是推翻了明朝，间接后果是引发了清军入关。此外它还有一个长久的影响，是对经过明朝二百多年发展，到天启、崇祯时期积累的上亿人口造成了毁灭性的打击。清朝入主中原以后，能够掌握的户口数字比明朝开国时还要少得多。

中国历史发展的阶段性和王朝兴亡之间的关联，有时候是非常明显的。随着官场的斗争越来越激烈，内部问题越来越多，几乎当时所有人都认为明朝不能再存在下去了，甚至对明朝灭亡有些期待。但是，一旦明朝灭亡，大家的好日子也就结束了，要进

099

入清朝的循环，重新从苦难开始，休养生息，然后再发展。

明末农民战争的爆发既和国内政策有关系，也和外部的变化有关系。如果没有女真在关外崛起壮大，如果没有明朝集中大军在萨尔浒和后金决战，如果没有后来一系列的明朝和女真—满族的战争，明朝的财政危机可能还不至于那么严重。这些事情凑在一起，明朝的财政就更加紧张了，于是政府开始向农民摊派。摊派与连年的自然灾害，无疑是明末农民战争爆发的两根导火线。

天启到崇祯时期，甚至从万历开始，明朝的大地就遭受着一轮又一轮的自然灾害。自然灾害对于社会的发展、政权的存亡有很大影响，这是无可奈何的事情。明朝"流贼"的兴起正是因为自然灾害。

天启年间，有位延安籍的官员回到老家，他对眼前的景象大吃一惊。他发现老家灾情竟然如此严重，但官府根本没有采取有效措施，致使民众流离失所，卖儿鬻女的情况比比皆是。同时，地方官员迫于朝廷的压力，仍然在强行征收赋役。回到北京后，这位官员立即给朝廷上疏，说明了陕西一带的灾情和民众缺乏救助的情况。

对此类事情，朝廷也束手无策。当年明太祖朱元璋曾经制定

第五章 明朝之亡是亡于"流贼"还是亡于女真？

了应对自然灾害的制度化政策：一旦某地发生严重自然灾害，地方官应该立即停止征粮，然后向朝廷打报告，请朝廷派官员来勘察灾情，如果灾情严重，就立即开仓济民，再来考虑如何缓解灾荒。但是，这样的政策只有在国家掌控能力比较强、人口不太多、自然灾害不过于频繁的时候才有效，否则就无效。

《明实录》记载，永乐年间，太子朱高炽在南京监国，每一年春冬要代表父亲到凤阳的祖陵祭祀。路过安徽的时候，朱高炽发现自然灾害非常严重，地方官府却还在收粮。他立即命人把当地知县召来，说："太祖高皇帝的祖制你难道忘记了吗？发生自然灾害的时候，你还向农民收粮，这是在为朝廷招怨哪！"

历代明智的统治者都认为，地方官凶狠掠夺民众，实际上是在为朝廷招怨。因为民众不但会把怒气对准个别官员，更会把怒气对准朝廷，认为是朝廷没管好下属。

天启年间，陕西澄城知县张斗耀面对灾荒和饥民，不仅没有开仓放粮（当然也许无粮可放），反倒催粮逼饷，急如星火（当然完全可能是迫于上司的催逼）。用如今流行的说法就是，他不但没有把枪口抬高一寸，反而把枪口对准了农民兄弟的胸口。土地里没有收成，本地民众四处逃难，他处民众却流亡到了澄城。此时有一个性情急躁，同时对官府早已不满的白水县农民,名叫王二(不知是名字早已不可考,还是根本就没有名字)。他流落到澄城,带着澄城和白水的农民冲进县衙,杀了知县张斗耀。官军前来镇压,这帮民众退无可退,于是揭竿而起。

一旦走了这一步,就只有走下去。如果不是因为后来的农民战争,历史就不会浓墨重彩地写小小的澄城县和杀知县的王二了,王二在澄城杀知县的这件事,后世大概率就不会知道了。

历史有一个普遍规律:一件事情能否成为历史事件,不仅在于它本身,还在于它的后续发展。秦始皇的伟大在于统一中国,但是如果没有两汉的继往开来,没有两汉对秦始皇统一大业的巩固、对秦始皇遗产的继承,秦始皇统一中国可能只是昙花一现。所以,如果后来没有高迎祥、张献忠、李自成,没有传说中三十六营、七十二家的一百零八支队伍在各地起事,王二的这件事就会被掩埋在历史的尘埃中。但此时的明朝已经到处布满了干柴,只要一个火星,就能燃起燎原大火。

明末农民战争就是在这种状态下发展起来的。

这里又有种种偶然因素,但是偶然因素在必然的趋势下,往往会造成严重的后果。李自成原来的工作很不稳定,好不容易谋了一个公差,当上了驿站的驿卒。但在崇祯三年(1630),有位名叫刘懋的给事中,出于对国家财政的忧虑,为了节省开支,为

第五章 明朝之亡是亡于"流贼"还是亡于女真?

了把有限的资金投入对女真的战争,提出了一个自认为很有价值的建议——裁减天下驿卒。这条建议是为朝廷节省开支的,所以很快就得到了朝廷的采纳。

朝廷雷厉风行,减少了在驿站上的开支。有记载说,省下的开支达六七十万两之多。虽然对于明朝财政整体来说这只是杯水车薪,但毕竟也是杯水了。这样一来,好不容易谋到一份职业的李自成,和与他同样命运的人们一起失业了,如果不投农民军就得饿死。和朱元璋一样,李自成并非"首义者",开始的时候都是跟在别人后面。但是,由于李自成的胆识、勇力、人格魅力都远超他人,他跟着张献忠、高迎祥等人的步伐,在农民军里迅速脱颖而出,成为各路农民军的领袖,并且和张献忠分别建立了大顺、大西两个政权。

崇祯八年(1635)十月,高迎祥、李自成、张献忠等各路农民军共同杀往凤阳,摧毁了明朝在凤阳的祖陵。这对明朝统治者,尤其是皇族的心理打击非常大。前文讲过,崇祯皇帝因此下了第一个"罪己诏"。

崇祯皇帝调集各路人马,打击农民军。其中出现了几个著名人物,比如洪承畴、孙传庭和卢象升,他们的才能就是在这次战役中显现出来的。这是当时明朝最杰出的一批官员和知识分子。

李自成、张献忠的政权在他们的连续打击之下，走投无路，接近灭亡。但就在这个时候，崇祯十一年（1638）前后，清军大兵压境，突破长城，所过的府州县城，明军皆闭城不出，任由清兵践踏。清兵如入无人之境，兵锋直抵北京城下。

京师是天下的根本，明朝朝廷只好将正在围困农民军的官军调往北京，李自成、张献忠的势力得以死灰复燃。李自成率军进入河南，传说这时有位叫李岩的秀才投奔了义军，提出了"吃闯王，用闯王，闯王来了不纳粮"的口号。因为这个口号，在死亡边缘徘徊着的饥民知道了闯王李自成。闯王的军队所过之处，饥民从者如潮。郭沫若先生的《甲申三百年祭》、姚雪垠先生的小说《李自成》中，对这一段都有生活化的描述，我最早也是在这两部书中知道有李岩、红娘子的。但据顾诚先生考证，李自成军中的主谋是举人牛金星，实际上并没有李岩和红娘子。后来的学者们进行了许多讨论，不断有人根据府志、县志说确有李岩。其实这都是理解上的错误，他们所说的某志上有关于李岩的记载，只是"李岩"这个自然存在的人，而不是在李自成军中有这些故事的人，彼李岩非此李岩。

李自成建立大顺政权，张献忠也建立了大西政权。农民起义一旦建立政权，就是形势的一大转折，意味着他们开始要夺取政

第五章 明朝之亡是亡于"流贼"还是亡于女真？

权了。在李自成的大顺军势如破竹杀奔北京的过程中，崇祯皇帝既不议和，也不逃跑，而是选择了在城破之时自缢殉国。所以，明朝毫无疑问是亡在了"流寇"，亡在了李自成和张献忠的相互配合上。

明末农民战争有三个关键节点：

第一，农民军攻下凤阳，对明朝统治者的心理造成了极大的压力，同时向民众展示了农民军的力量。

第二，崇祯十一年（1639），清兵跨长城而入，横扫华北大地，明朝的军队都被调去抵御清兵，给了农民军一个死灰复燃、重新崛起的机会，此后农民军的势头就不可抵挡了。

第三，李自成建立大顺，张献忠建立大西，这对明朝是一种根本性的摧毁。从此以后，明朝的将领、官员纷纷放弃明朝，投靠大顺、大西政权。

我曾经写过一篇《从明末农民战争看汉族地主阶级》的文章，文中证实了在明朝灭亡的过程中，汉族地主，包括从皇亲国戚到阁部大臣，再到翰林院、六科十三道的官员等，他们的主体都在恪守一个宗旨：宁可亡国，不可破家。因为国是朱姓皇帝的，家才是自己的。所以，在李自成、张献忠的大顺、大西军所到之处，他们归降大顺、大西；当大清入关之后，他们又纷纷抛弃大顺、大西，投靠大清。也就是说，哪个政权能够维护他们的利益，他们就归附于哪个政权。当然，我指出这个现象，并不是否认在明亡清兴的过程中，还有许许多多效忠于明朝、坚持抗击大顺、大西、大清的汉族读书人，但是，他们并没有成为主流。而且，越是身份高的汉族地主，"转型"越快；效忠明朝、坚持抵抗的，多为下层官员和士人。

在李自成进入北京之后，崇祯皇帝无力抵抗，于是在一个宦官的陪同之下，他在煤山自杀了。这个时候，明朝就亡了。虽然还有一个南明弘光政权，但那只是一个偏安的小朝廷。如果没有清军入关，李自成的大顺随时可以将其摧毁，取代明朝，开始对中国的统治。那么，继明朝之后的新政权就应该是顺了。当然，也许大顺政权取代明朝之后，李自成会听读书人的建议，根据"大哉乾元"有"大元"、"大明终始"有"大明"，换一个更加响亮的国号。但是，清兵入关了，后来的历史发展是大清取代了大明。

阎崇年老师在《百家讲坛》节目中讲过《明亡清兴六十年》，陈生玺老师写过一本学术著作《明清易代史独见》，如果读者对这段历史感兴趣，也可以读这些著作。当然，更推荐顾诚

第五章　明朝之亡是亡于"流贼"还是亡于女真？

先生的《明末农民战争史》和《南明史》。

女真是中国一个古老的民族，它的历史甚至不比汉族短。西周时，东北地区有一个民族叫作"肃慎"。后来，肃慎改了多个名字，有的时候中原称之为"挹娄"，有时候叫"靺鞨"，有时候叫"渤海"（唐朝还有渤海国）。这些都是女真人的先祖。所以，它是中国一个历史悠久的民族。这个民族在辽代产生了参与中原地区事务的强烈愿望，在完颜阿骨打的率领之下，他们建立了金，灭了契丹人的辽，接下来把北宋也灭了，也就是"靖康之变"。

宋人、辽人把与契丹比较接近，甚至入了契丹籍、接受契丹管理的女真人叫作"熟女真"；把没有归契丹统治管辖，只是接受封赐而不受约束的女真人叫作"生女真"。完颜阿骨打和他的祖先就是生女真。生女真后来统一了熟女真，灭了辽，又灭了北宋，并且和南宋对峙，形成了一个金政权。而且，在宋金关系中，金是宗主国，宋是附属国。这对汉人来说很难接受。也因此，南宋就不能叫"大宋"了，只有北宋才能叫"大宋"。

蒙古—元朝在统一中国的过程中，灭了女真人建立的金，并且接管了整个东北地区。女真人生活在了元的统治之下。

入明以后，明朝的女真中，最靠北边正在由原始部落向阶级社会过渡的部落，被明朝人称为"野人女真"；进化较快的被称为"建州女真"；进化最快，和汉人接触最多的被称为"海西女真"。

和李自成、张献忠的农民军一道，作为一个"磨盖"对明朝政权进行碾压的，则是以建州女真为主体的女真。

第一代接受明朝赏赐的建州女真首领叫作猛哥帖木儿。

永乐年间，明成祖派军队巡视黑龙江流域，这也是中国有史以来汉人政权的军队到达的东北方向最远之处。真正率领这支军队的，是一位女真族的宦官，大学教材说他的名字是"亦失哈"，但我一直认为这个名字应该是"易信"的不同翻译，因为明成祖夺位之后派到东北做"镇守中官"的，正是易信。他被称为"狗儿"，与被称为"马儿"的回族宦官郑和齐名。"靖难之役"的时候，他们打仗都是既不要命，又有谋略。明军不但在黑龙江流域巡视、耀兵，还在距离黑龙江入海口二百里左右的庙街（又叫"特林"）设置奴儿干都司，又建造了永宁寺。"永宁"的意思当然是永远安宁，不要发生动荡。明军还立了一块敕修奴儿干永宁寺碑。后来永宁寺倒塌了，宣德年间又有明朝军队去巡视，重建永宁寺，立重修永宁寺碑。碑文用汉、蒙、女真三

第五章 明朝之亡是亡于"流贼"还是亡于女真？

种文字镌刻，两侧则是汉、蒙、藏、女真四种文字的六字真言。这两块碑现在尚存，保存在俄罗斯的符拉迪沃斯托克。

永乐年间是明朝疆域最为辽阔的时候，东北的女真各部都属于奴儿干都司下的各卫、各所。努尔哈赤的先祖就是建州卫的都指挥，而努尔哈赤本人也接受了明朝的封赐。也就是说，在明朝极盛时期，东北地区的女真民族是它的治下臣民。但是，一个民族在发展过程中，往往也要争夺生存空间，并且向统治者进行抗击。

随着女真和汉人——尤其是东北汉人的接触日益密切，女真人——特别是海西女真通过互市、联姻等关系，一方面保持着本民族传统，另一方面对汉族非常熟悉。汉族对他们也非常熟悉了。

历代的中原政权对周边少数民族的政策是能够怀柔就怀柔、能够打击就打击。不但汉人政权如此，少数民族政权同样如此。鲜卑人建立了北朝后，对更北边的少数民族采取的就是这种政策；辽对女真也采取了这种政策。打击、分化、"以夷制夷"，是中原政权对周边少数民族的一贯政策。

明朝也奉行这种政策：对听话的少数民族首领怀柔、赏赐，对不服管的少数民族首领进行军事打击。李成梁就是因为打击女真及散居在东北的蒙古部族而被封伯爵的。张居正主政的时候，用了两个著名将领：一个是戚继光，他以守为主，对付蒙古人；一个是李成梁，他以攻为主，对付东北一带的蒙古人、女真人。女真族和李成梁家族的"战争机器"之间，有很深的恩怨。如果有恩，他们当然很高兴；如果有怨，他们就不仅要把怨算在李成梁身上，而且还要算在明朝身上。

努尔哈赤的父亲、叔叔都支持明朝，但是明朝在打击阿台部落的时候，杀死了努尔哈赤的父亲。明朝军队解释是误杀，但是努尔哈赤认为这一定是故意杀害。所以他和明朝有杀父之仇。

万历年间有一系列事情，除了内部的国本问题、党争问题、矿监税使问题，以及"三大征"之中的朝鲜问题外，女真问题也正在显现。万历十一年（1583），也就是张居正死后的第二年，努尔哈赤公开起兵，号称继承父、祖"遗甲"十三副。所谓的"遗甲"，就是指全副武装，有马，有刀，有箭，还包括头盔、铠甲。这就是正规军的装备。

从此以后，努尔哈赤在女真内部和其他部落展开争夺战。他先扫平了建州女真中非爱新觉罗族的各个部族，又统一了海西女真，还征服了野人女真。明朝万历年间，努尔哈赤大体上已经完成了女真各部的统一。他的下一个目标，就是明朝在辽东的地盘。

第五章 明朝之亡是亡于"流贼"还是亡于女真？

1616年，努尔哈赤建立自己的政权，国号金，又叫"大金"。因为过去有一个灭辽、灭北宋的大金，所以明朝人称努尔哈赤建立的这个金为"后金"。当然，这个称呼有鄙视的意思。

后金建国时，定都于赫图阿拉（位于今辽宁省新宾县），靠近鸭绿江。明朝守军中的很多人和努尔哈赤统率下的女真人做过生意，彼此都是好朋友。在努尔哈赤的威逼利诱之下，抚顺的守将和努尔哈赤勾搭到了一块，他们里应外合，在后金建国后的第二年就偷袭并一举拿下了抚顺。得知抚顺被夺，明朝大吃一惊，开始从全国各地调集军队，号称有十几万人，在万历四十七年（1619）春，也就是后金建国后第三年，兵分四路，浩浩荡荡地杀奔抚顺和赫图阿拉。

这场战役，看上去女真是被动的防守方，明军是主动的进攻方，但从本质上说，恰恰相反。女真不断向西、向南发展，总体上是攻势；而明朝是为了阻挡其攻势，才组织了这次非常仓促的攻势，其实是以攻为守。明军虽然号称有十多万人，但都是从各地紧急调来的，许多南方的军队并不适应东北的天气，棉衣、军靴、马匹、武器的补给严重不足。

当然，其中也有几支厉害的军队，包括曾经在援朝抗倭战争中打出威风的刘铤的军队，还有李成梁儿子所带领的李家军。这个儿子不是李如松。李如松的亲兵在朝鲜战争中几乎丧失殆尽，后来他又在东北的一次战斗中了埋伏，去世了。这次带领李家军的是李如松的弟弟李如梅。

明朝对此战志在必得，但是实际上明朝想要取胜很困难。明朝旨在扑灭一个新兴政权，但是对于士兵来说，这场战争和他们几乎没有关系。明军中有的士兵来自福建，有的士兵来自西南地区，努尔哈赤的威胁离他们的家乡太过遥远。不仅如此，他们的父亲、兄长还处在明朝官府的催租、逼饷之下。所以，明军虽然有一定的战斗力，但是不能指望他们全心全意地卖命。

反观女真，他们是要捍卫自己新建立的政权，为生存而搏斗，而且还是在内线作战。努尔哈赤说："任尔几路来，我只一路去。"明朝军队分四路发起进攻，但努尔哈赤是一路接一路地打。在建立后金之前，努尔哈赤已经建立了军事组织。他把建州女真和后来征服的海西女真分成红、黄、蓝、白四个旗，后来又将他们扩充为了八个旗，加上了镶红、镶白、镶蓝、镶黄。如果以正常七千五百人为一旗计算，八旗军有六万人，可以说，在萨尔浒之战时，努尔哈赤的军队编制就已经非常完备了。

明朝军队两路人马全军覆没，主将战死。这两支军队的主将，一位是历任延绥、蓟镇、辽东总兵官，声名显赫、敢于搏击

第五章 明朝之亡是亡于"流贼"还是亡于女真？

的杜松；一位是参加过援朝战争、勇冠三军，号称"刘大刀"的刘綎。杜松、刘綎在明军中素有威名，他们的战死，对于明朝、明军来说，都是极大的震撼。

萨尔浒之战的失败，是明朝在和女真生死搏斗中的第一次失败。

女真—满洲取代明朝，可以分几个重要节点：第一个节点是1616年建立政权，第二个节点是1619年的萨尔浒之战，第三个节点是1636年皇太极建立大清，第四个节点是1642年的松山之战。

大清的国号很有讲究。"明"是日字旁，是火德，"清"是水字旁，水可以灭火，那种取明朝而代之的愿望和决心，从这个国号上就已经显示出来了。皇太极还把女真的族名改为满洲。

松山之战时，明朝闹出过一个笑话。洪承畴率领的明军主力在松山之战中全军覆没，自己也下落不明。明朝的大臣们误以为他死了，为他举行了国葬和国祭。后来，他们才听说洪承畴竟然投降了。不仅如此，后来洪承畴还用他的聪明才智，辅佐清朝入主中原，对南方各地进行统治和安抚。

到了1644年，李自成在农历三月十九日进入北京，拘禁了明朝的所有官员，还传檄山海关外的吴三桂，劝其投降。吴三桂认为崇祯皇帝死了,天下大势已定,大顺即将建立全国性的政权,所以带着一部分精兵前去北京投降,主要军队仍然留守山海关。

吴三桂离开山海关不久,北京传出消息,说他全家八十一口被下狱。据记载,吴三桂听后说:"我去了以后,他们就会放掉我的家人。"后来又有人报告说:"将军,你最喜欢的女子陈圆圆被刘宗敏(李自成的大将)掳去了。"吴三桂一听,当即大怒。他当时三十二岁,血气方刚,认为不能吃这个亏,立即拨马而回,投靠了清军。后来,明末清初的著名诗人吴伟业写诗说:"恸哭六军俱缟素,冲冠一怒为红颜。"就是说,吴三桂声称投降清朝是为了报君、父之仇,但这只是借口,真正的原因是陈圆圆被刘宗敏占有了。

此时,清太宗皇太极已经去世,他的儿子福临也就是顺治皇帝继位,而真正掌权的则是福临的皇叔多尔衮。吴三桂此时投靠的就是多尔衮。

李自成听到消息后,带兵出征,在山海关向清军发起决战。在清军和吴三桂联军的打击下,李自成的军队一溃千里。据记载,当时先是吴三桂的关宁军和李自成的大顺军投入战斗,但大顺军源源不断而来,关宁军抵挡不住,节节败退。李自成本人站

第五章 明朝之亡是亡于"流贼"还是亡于女真？

在高处观战，看到这样的情形十分高兴。但他突然发现，关宁军的左右侧后，有两股骑兵如狂风般杀出。当他看清骑兵的旗号是"满洲"后，大吃一惊。大顺军在大清军的冲击下，顿时溃败，李自成在随从的护卫下，狂奔而去。

李自成退回北京，在1644年的农历四月二十九日，匆匆忙忙在北京举行了"登基"大典，第二天就撤出了北京。五月初二，清兵进入北京。据记载，北京城内，安堵如故，百姓甚至不知道敌军进城，但见满城关外打扮的官兵，却是秋毫无犯。多尔衮护着顺治皇帝来到北京，他宣布归降的明朝官员一概官复原职，并为崇祯皇帝举行了葬礼。明清之间的改朝换代，就在这个过程中完成了。所以清朝可以振振有词地说，大清的江山并不是得之于大明，而是得之于"流贼"，因为明朝在三月十九日李自成进京时已经灭亡了。

可以说，从直接的效果看，明朝是在两股力量的交叉作用之下，被折腾而死的。如果没有关外的女真，明朝应该还能延续，或许还有机会解决内部问题。但我认为，即使没有内部的问题，要抵御女真和后来的清军入关，恐怕也是比较难的。因为明朝上上下下的官员和既得利益者认为明朝不能维护他们的利益，如果清兵入关，反倒能够维护甚至扩大他们的利益，他们很有可能乐意迎接女真入关。

当然，历史不可以假设，如果内部没有李自成、张献忠的问题，也许明朝能够阻挡住清朝也说不定；而如果没有关外的女真，明朝镇压李自成、张献忠，几乎是没有问题的。

第六章

明朝之亡是亡于天灾还是亡于人祸?

第六章 明朝之亡是亡于天灾还是亡于人祸?

可以说,明朝既亡于自然灾害,也亡于人祸。但很难说是自然灾害对明朝造成的危害更大,还是人祸对明朝造成的危害更大。我们只能说是自然灾害和人祸的共同作用,导致了明朝的灭亡。

在中国历史上,许多的皇朝都因为农民起义而倒台,而农民起义的导火线都是自然灾害。比如明末农民战争,毫无疑问自然灾害是它的导火线。明太祖朱元璋建立明朝前,发生了元末农民战争,其导火线还是自然灾害。如果不是黄河断流,元朝政府急于疏浚黄河,也不会在黄河一带集中那么多人,为农民造反提供那么好的机会。而西汉末年、东汉末年、唐朝末年也都有自然灾害。

自然灾害包括水灾、旱灾、虫灾、地震、疫情等,其中地震在短时间内造成的破坏最大,人们因此产生的恐惧感也最强。嘉靖年间发生了关中大地震。考古学家根据记载推测出，当时发生的至少是八级地震。而持续地令人感到害怕，让人们一步一步走向死亡的自然灾害则是瘟疫和旱灾。以旱灾为例，在农民眼看着禾苗郁郁葱葱、庄稼果实累累，马上就要收获的时候，如果连续十天、一个月甚至一百天不下雨，农民就只能眼睁睁地看着土地开裂，等待死亡一步步到来。这就造成了大量民众的逃离，明朝末年就是如此。

我曾经参与中国社科院赫治清老师组织的一个重大项目——《中国历代自然灾害与对策研究》，和谢宏维教授一道研究明代的灾荒。通过谢宏维教授的努力，我们把明代灾荒的时间、地点及涉及的范围进行了梳理，并且根据当代天文学家、地质地理学家对灾害的分级，将明代灾荒分成轻微灾害、一般灾害、严重灾害、特大灾害等几个等级。研究发现，崇祯时期发生的特大灾害尤其多。

首先是北方连年的旱灾。

从崇祯十一年（1638）开始，由于连年旱灾，海河、黄河的水位几乎到了有史以来的最低点。以崇祯十三年（1640）为例，整个华北平原、黄河流域全年的总降雨量不足三百毫米，其中农业最需要雨水的五月至九月，降雨量不足二百毫米。

第六章 明朝之亡是亡于天灾还是亡于人祸？

严重的旱灾令百姓难以生存，他们有的以草根、树皮充饥，有的易子而食，还有的攻进官府和大户的庄园，抢夺粮食。所以，当时李自成的农民军在短暂的沉寂后，一进入中原地区，就打出了一条非常符合时宜的口号："吃闯王，用闯王，闯王来了不纳粮。"百姓听说跟着闯王走就有饭吃，纷纷跟从，因为他们没有其他的路可走，只能铤而走险，去攻官府、打地主，去抢夺各家藩王府的金银财宝和粮食。而要攻官府、打地主、抢夺藩王府，必须要有人领导才行，闯王李自成就成了他们的领导者。

不只北方大旱，南方还有连年大雨，这令情况更加严峻。长江、珠江流域及其各条支流所在地区暴雨倾盆，安徽、江西、湖南、湖北、四川乃至东南的江苏、浙江也都暴雨连天，水患连年。这样一来，无论是北方还是南方，粮食都歉收，乃至颗粒无收。

张献忠的农民军来到长江流域时，同样是从者如云，就像黄河流域的农民跟着李闯王就有饭吃一样，长江流域的农民跟着张献忠的大西军就有饭吃。他们的做法是一样的：杀大户、打官府、分藩王。各地的藩王府统统被铲平，藩王府的粮食都成了流民、饥民、农民军的盘中餐。

崇祯十四年（1641）前后，南北方的灾害情况调过来了，变

121

成了南方旱灾、北方水灾，而且持续不断。

设身处地地想，一个帝王，或是一个有家国情怀的大学士看到这样连年的灾害，会是什么心情？我相信，他们一定这样想：宁愿自己死掉，换来老天降雨；宁愿自己死掉，换来老天放晴，好让百姓能有一个生存的机会。人同此心，心同此理。当年的崇祯皇帝应当就有这种心思，所以他的"罪己诏"里就提到了自然灾害频繁。

随着水灾、旱灾而来的一定是蝗灾和瘟疫。当时的人应对以鼠疫为代表的瘟疫，只能哪个村子发现就把这个村子封掉，哪个县城发现就把这个县城封掉，没有其他办法。清兵毁关而入时，华北地区正在遭受鼠疫之苦，有学者甚至认为，清兵进入华北后立即退去，不敢长期滞留，就是因为怕染上疫病。也有学者研究发现，当时北京城内很多士兵也感染了疫病。

种种自然灾害对于已经被以农民军为磨底、以清兵为磨盖的石磨碾压的明朝来说，无疑是雪上加霜，自然灾害又成了一种亡国之象。崇祯皇帝说："君非亡国之君，而事皆亡国之事。"后者就包括连年的自然灾害。

假设没有这些自然灾害，明朝还能够延续多久？毫无疑问，如果没有这些自然灾害，李自成、张献忠的义军绝对闹不到后来的局面。所谓"有恒产者有恒心",如果风调雨顺,农民能够在自己的土地上通过劳动养活自己,没有多少人会跟着李自成和张献忠去起义,而明朝要镇压起义也就非常容易了。

面临像明末那样严重的持续灾害,几乎历史上任何政府都没有解决的办法,只能去祈求上天的宽恕。我们常说"人定胜天",但持续的大规模乃至毁灭性的自然灾害是任何力量都无法抵抗的。在大自然面前,人类永远是渺小的。

国以民为本,民以食为天。即便是工业社会,也要以农业为基础。工业、商业再发达的国家,哪怕能发明导弹、宇宙飞船、核武器,人民也都要吃饭。在世界上的各个大国、强国,农业都是基础,物质保障才是根本。所以,有人说:"手中有粮,心中不慌。"还有一句话叫:"兵马未动,粮草先行。"农业又是靠天吃饭的,自然灾害的直接后果是粮食减产甚至颗粒无收。在粮食无收的情况下,政府根本无力运转朝廷、组织军队。如果人事相对好一些,也许可以在一定程度上缓解灾情,但这就要求每个既得利益者都放弃一些既得利益。

前面提到,钱龙锡到北京做大学士时,他的老师陈继儒说了一句话:"拔一毛而利天下。"可惜在自然灾害面前,几乎所有的官员、富户和藩王都不愿意这样做。他们的心态是"天下是你们的,财富是我自己的"。所以才会导致无数农民冲进富户的家里,开仓夺粮食;才会有无数农民在李自成、张献忠的带领下,冲进衙门,把衙门掌控的粮仓打开,把粮食分给民众;才会有更多农民跟着他们,去打下洛阳,去打下武昌,去打下荆州,乃至去打下北京。这些地方都藏有一定的粮食。所以,农民战争的爆发与自然灾害有直接关系,但是农民战争的持续发展,与所有既得利益者都不愿意放弃自己的利益也有关系。

我曾经在《"冠带荣身"与明代国家动员——以正统至天顺年间赈灾助饷为中心》中提到,明朝的正统年间,也就是"土木之变"前,小冰河期已经到来了。上一段提到的水灾、旱灾、蝗灾等自然灾害也是在小冰河期出现的,但是正统时期的灾害没有崇祯时期严重,人事也比崇祯时期要好得多。那个时候,明朝政府派出了许多官员到下面去安抚人心。

吉安府吉水县的一位知县,找到当地首富胡有初,说:"现在各地闹灾荒,灾民很多,你可能也听说了,隔壁永丰县的农民已经在闹事了,有饥民冲进富人家里抢夺粮食。如果我们吉水也发生这种情况,作为知县,我是没有办法阻挡的。"

胡有初说:"知县大人,你说得有道理。你看,我能够做

第六章 明朝之亡是亡于天灾还是亡于人祸？

什么？"

知县说："我今天找你谈，是希望你拿出家里的一些粮食来赈济灾民，这样才能缓和矛盾。"

胡有初也有侠肝义胆，说："我可以拿出一千石粮食，救济吉水灾民。"

吉水县的知县很有政治头脑。他看到胡有初捐了物资，立即打报告给江西巡抚赵新。赵新听说了这一先进事迹，立即从南昌赶到吉水，去看望、慰问这位胡有初先生。

赵新说："你干得真好，帮助我们官府解决了问题，非常感谢。"

胡有初先生对赵新的远道而来表示感谢。随后，巡抚赵新告辞而出。

我想这里一定发生了一个情节：知县跟在后面提醒胡有初，巡抚大人千里迢迢从南昌到吉水来看望他，难道他一点表示都没有吗？胡有初恍然大悟，于是又捐了五百石粮食，一共就是一千五百石粮食。

这件事大概发生在宣德九年（1434）。三年之后的正统二年（1437），明朝政府表彰了十个在救灾过程中向官府和民众捐献粮食的富人，把他们送到北京接受嘉奖，奖给他们羊肉和酒水，然后派船将他们送回原籍。

但这里仍然有一个前提,就是富人家里还有粮食,而且发生的还不是持续的旱灾。而崇祯年间,发生的是持续的旱灾,那时也有一些富人拿出粮食来接济穷人,但是杯水车薪。大多数的富人、藩府一毛不拔。在自然灾害面前,可以看出人性。当然,我们站在人性的另一面,也可以换个角度想:我家的粮食已经所存不多,可以供我一家吃三年五年,但如果拿出来赈济灾民,三天五天就吃完了。那时我家怎么办?

我们不能过多地谴责别人,人性都是如此,富人能够拿出一部分粮食帮助别人,就已经值得肯定了。在灾情中,最无耻的是藩府。他们是朱元璋的后代,藩府里藏有一定的财富和粮食。崇祯年间,藩府有很多很穷的,但仍然有很多很富的,比如潞王府、福王府。但是他们都一毛不拔。

自然灾害面前的第一大人祸,就是有产者、富有者的一毛不拔;第二大人祸,则是在连年旱灾、水灾的情况下,朝廷内部的党争仍然持续不断。

天启年间,浙党、齐党、昆党、楚党、宣党和东林党进行了你死我活的斗争。后来东林党以外的诸党都以魏忠贤为中心,形成了阉党,这是东林党人对他们的称呼。

第六章　明朝之亡是亡于天灾还是亡于人祸？

女真在东北虎视眈眈，国家内部不断出现灾荒，但朝中的东林党、阉党仍然在意气用事，不在乎国家的存亡。而且，在对女真的战争中，崇祯皇帝自毁了"一座长城"和"两座重镇"。

"一座长城"是孙承宗。孙承宗和袁崇焕在关宁一带设防时，东北一带，尤其是山海关到宁锦一带的局势有明显好转。但是由于党争，孙承宗两次被罢官。缺乏像孙承宗这样有威望、有抱负、有才能，且一心一意为国家办事的官员统筹，整个东北防线陷入了各自为战的状态。

"两座重镇"是熊廷弼和袁崇焕。

天启年间，熊廷弼接手了东北的防务，但是浙党的头面人物姚宗文弹劾熊廷弼。熊廷弼作为文官，出任辽东经略，统率整个战场。他的财务、用人、工作作风是有一些问题的。理想的人才是德才兼备的，但是在这个时候，朝廷的用人政策应该是唯才是举。

姚宗文揪着熊廷弼的瑕疵，对他持续抨击，于是朝廷换了一个东林党对立面的官员去接手熊廷弼的工作，但这个官员一无是处，导致战局大坏。后来，朝廷重新起用熊廷弼，但不久后又因为党争的问题，把熊廷弼下狱处死了。

当然，熊廷弼也做了一件不该做的事。他觉得这个时候能救他的只有内廷的宦官,所以他许诺用几万两银子保住自己的性命。但是他后来没有兑现承诺,这就被阉党找到了理由,将他斩首、传边。这一座"重镇"被毁了。

还有一座"重镇"是袁崇焕。防守宁远的时候,他在孙承宗麾下做出了重大的贡献。崇祯皇帝即位后,对袁崇焕抱有很大期望,但是袁崇焕犯了一个明朝官场或者是中国官场普遍的毛病。

崇祯皇帝曾经亲自接见袁崇焕,表达了对战事的忧虑。袁崇焕宽慰他,说:"如果我去做这个事,五年之内可以复辽。"

袁崇焕虽然是在宽慰崇祯皇帝的心,但这个海口夸得太大了。这次面见结束后,有人提醒袁崇焕,说:"当今天子很较真,到时间要对你进行考核的,你五年能不能复辽?"

在战争中,袁崇焕依靠的几个主要将领一位接一位战死,这边还没有复辽,后金军却已经兵临北京城下。袁崇焕带领自己的军队来救援京师,后金军退却了。根据记载,后金军通过种种途径,甚至通过被俘的明朝宦官散布流言蜚语,说袁崇焕和后金已经有了协议,所以后金才退兵。崇祯皇帝一怒之下,把袁崇焕下了狱。

袁崇焕所依靠的三位将领之一的祖大寿,目睹了袁崇焕被斥责、被下狱,出城之后立即带着本部东撤。祖大寿这样做,既是出于对袁崇焕的忠诚,表示对皇帝的不满,也是为了自身的安

第六章　明朝之亡是亡于天灾还是亡于人祸？

全。祖大寿率兵离开京师之后，崇祯皇帝多次命其返回，祖大寿都不予理睬；而袁崇焕奉命写信给祖大寿让他返回，祖大寿收到信后还真就回来了。这就犯了中国官场的忌讳，竟然有军队不听明朝皇帝的，而听袁崇焕的，这是"自立山头"。于是袁崇焕被杀了。袁崇焕被杀倒不是因为党争，而是因为崇祯皇帝的人性弱点。

所以说，人祸的第三条就是崇祯皇帝本身了。

崇祯皇帝用文官，文官无能；用武官，武官不听话；那么，只有用宦官一条路了。尽管我对崇祯皇帝充满同情，但是不得不承认，在这种情况下，他内心深处的恐惧、急躁使他举止失措了。他做出了一些错事，杀袁崇焕就是其中一件。袁崇焕被杀的时候，北京百姓对他群起而攻之，认为他是间谍、卖国贼。历史的冤案有的时候就是这样造成的。

对明朝来说，人祸是整个有产者的自私，是持续的党争，也是崇祯皇帝作为最高统治者的刚愎自用、处置失当。这些人祸加速了明朝灭亡的进程。但是，我仍然不改变对崇祯皇帝的同情，即便他慌不择路，病急乱投医，但坦率地说，那个时候换成你我做皇帝，也未必能比崇祯皇帝表现得更好。

第七章

明朝之亡是亡于藩府还是亡于富户?

第七章　明朝之亡是亡于藩府还是亡于富户？

有人认为，明朝最后的穷困和宗室藩王群体有很大关系；也有人认为，明朝灭亡时，天下富户大体上连一件"拔一毛而利天下"的事都不愿做，所以明朝的财政、社会乃至党争问题都和富户——尤其是东南富户直接相关。

其实这两条都不是直接原因，只是潜在的原因。明朝灭亡时的困境和明朝的财政制度、政策有直接关系。

明太祖朱元璋是一位草莽英雄，他出身穷苦，给地主放过牛，父母和兄长都因为自然灾害而死，自己遂投身于皇觉寺。后来阴差阳错之下他离开了皇觉寺，投身到郭子兴的队伍里，最后竟然一步一步打下了大明江山。

二十世纪研究明清史的老前辈孟森先生说："得国最正，唯汉与明。"有人会问，难道其他朝代都得国不正吗？实际上，很多朝代都是得国很正的，至于得国正与不正的评价，是孟森先生从个人立场出发得出的。他认为汉高祖刘邦和明太祖朱元璋不欠前朝任何人情，所以说得国最正。如果从这个角度说，清朝得过明朝的赐封，努尔哈赤做过龙虎将军、建州左卫都督，他接受了明朝的赏赐，算是欠了明朝的人情。得国是否正，这是另外一个问题，每个人都有自己的立场，我也不完全赞成孟森先生的立场。

我之所以对汉、明感兴趣，是因为无论是汉（主要是西汉）还是明，都有一个自身发育的过程。它的发展历史基本上没有中断，而且相对较长，自身问题暴露得也比较充分。我们可以看到一个王朝由初兴到发展，到极盛，到逐渐衰落，再到灭亡的完整、清晰的轨迹。唐朝、宋朝也有自身的发展轨迹，但是唐朝的发展因"安史之乱"而中断，宋朝的发展被"靖康之变"阻断，所以二者和汉、明又不一样。

纵观中国通史，我认为明太祖朱元璋是最尽心敬业的开国君主之一。在我看来，最伟大的开国君主，第一位是秦始皇，第二位是隋文帝，第三位就是明太祖。他在位三十一年，无时无刻不在谋划，以求明朝千秋万代、江山永固。一直到晚年，他还在反复修改《大明律》。他死前还颁布祖训，规定了国家制度，子孙后代不得改变，其中包括"我朝不设宰相，子孙后代不得设宰

第七章 明朝之亡是亡于藩府还是亡于富户？

相，臣子如果要恢复设宰相的，本人腰斩，全家充军"。但是，很多制度和政策都是人算不如天算的，藩府问题就是如此。

明太祖考察了中国历代的政权兴衰，总结了王朝灭亡的各种方式，所以他对中央、地方、外戚、后妃等问题，都设有种种禁令。但是他认为朱家的江山要朱家人来坐，为了使朱家江山得到保证，他设立了多道防线，给朱家江山加上了多道保险，其中的一道保险就是分封诸王。朱元璋决定，要把太子留在自己身边，学习治国理政的经验，准备以后继承皇位。根据中国历史上的嫡长子继承制，他把嫡长子朱标立为太子，其他所有的儿子都不得留在京城，避免他们和太子产生竞争。这是有历史教训的，隋文帝的两个儿子就发生过竞争，唐太宗的几个儿子也发生过竞争。朱元璋不允许大明出现骨肉相残的类似情况，于是他把次子以下的二十三个儿子和一个侄孙分封到各地做王：次子封在西安为秦王，三子封在太原为晋王，四子封在北平为燕王，其他儿子也统统封在通都大邑，包括开封、武昌、大同、荆州等。明朝的财赋重地、经济文化最发达的地区是苏（州）、松（江）、江（西）、浙（江），这几个地方都没有封藩王，明太祖对此是有考虑的。

靖难之役时，明成祖朱棣需要十七弟宁王的军队支持。宁王被封在大宁（今内蒙古宁城），那是和蒙古交界的地方。据记载，宁王麾下有十万蒙汉铁骑。

朱棣把宁王裹挟到北平，接管了他的军队，并向宁王许诺，打下江山以后，兄弟二人平分江山。

宁王知道这是个空头支票，江山怎么可能平分呢？所以在打下江山后，宁王说："能不能给我一个好地方？"

朱棣说："哪里？"

宁王问："能不能让我到苏州去？"

朱棣说："不可以。苏州当年是张士诚所在之处，是最奢侈的地方。"

宁王又问："能不能让我到杭州去？"朱棣又拒绝了。于是，宁王只好去了南昌，南昌开始有了藩王。

除了东南的财赋之地，从广西到山东，都有了藩王。按照明太祖的想法，藩王在各地只率领军队，大的藩王府，比如秦王、晋王、燕王，都有三个护卫。按照明朝的卫所制度，一个卫的军队有五千六百人，三个卫的军队有将近两万人，这是一支很大的力量。北边藩王的主要任务是抵御蒙古，同时，如果朝中有奸臣乱政，藩王也可以起兵靖难。后来明成祖朱棣就以"靖难"为名，发动了争夺皇位的战争。

第七章　明朝之亡是亡于藩府还是亡于富户？

明太祖怕儿子们到了各地欺压百姓，扰乱市场，所以明文规定所有藩府和宗室的俸禄：一个亲王每年领五万石米，另外还有其他赏赐。后来国家财力不够了，于是每个亲王每年的俸禄减为一万石。

明太祖的儿子都是亲王，孙子是郡王。亲王的封号是一个字的，比如燕王、宁王，一看就知道是明太祖的儿子，而明太祖的孙子的封号就是两个字。到了第三代，就不能叫王了，要叫镇国将军。第四代继续下降就成了辅国将军。不但明太祖要封儿子，明成祖也封自己的儿子，明仁宗以后的代代帝王都封。这样一来，每一代都有新的亲王、郡王、镇国将军、辅国将军……每个人都有一定的岁禄。此外，公主每年也都有岁禄，以免她们在夫家受罪。

明太祖时期虽然封了二十多个王，但因为他们散布在各地，宗室人口也不是太多，所以对国家财政并没有造成太大的影响。朱元璋对这个安排很满意。

为了避免藩王扰乱地方，明太祖朱元璋规定了"三不许"。

第一，不允许参加科举。明太祖认为，自己的子孙参加科举有两个坏处：一是如果考不过别人会丢人现眼；二是参加科举时万一有人作弊，主管官员肯定会照顾皇子皇孙，这就扰乱了科举秩序。

第二，不允许务农。面子的问题是次要的，更主要的是他认为自己的儿子如果经营农业，一定会勾结官府，兼并土地，那就必然会对国家的税粮造成很大的危害，也不利于社会的安定。

第三，不允许从事工商业。同样，一是丢人。不要说皇家子弟从事手工业丢人，就连江西以耕读治家的家族也认为从事手工业丢人。景泰年间，江西泰和有个大学士叫陈循，他向景泰皇帝上疏说："天下举业，以江浙闽为盛，江浙闽三省独臣江西最盛，臣江西又以臣吉安独盛。"为什么吉安考举业的人多？务农则无田，经商则无钱，从事手工业又有耻于门第，只能走读书这条路。耕读之家尚且认为做手工业有耻门第，明太祖的儿子们就更不能做工商业了。二是如果他们从事工商业，就会冲击市场。

这本来是不错的政策，但是明太祖没想到人口是以几何级数增长的。他的儿子生孙子，孙子生曾孙，曾孙生玄孙……到嘉靖时期，王府人口达到六万至八万；万历年间，王府的人口达到八万至十万；天启年间，王府的人口已经超过了十万。这十万人都是要俸禄的。

有学者根据人口统计过明朝藩府一年耗费的粮食数量。嘉靖二十一年（1542），中央财政可支配的粮食是四百万石，而藩府需要八百多万石。山西布政司能够收到的粮食只有二十一万石，

第七章 明朝之亡是亡于藩府还是亡于富户？

却要提供二十八万石给藩府。也就是说，山西当地收到的粮食还不够支持藩府的。

到了万历、天启年间，这种情况更加严重。有学者统计，从洪武年间到万历年间，全国每年收的粮食保持在三千万石左右，而天启年间，理论上每年要给藩府粮食五千万石以上，接近全部粮食收入的两倍。

不过实际上，藩府的人口数字一般来说都是确切的，藩府耗费的岁禄是不确定的。亲王、郡王等人一年收取多少岁禄，明朝政府在理论上有定额，但实际上经常拖欠不发，就像官员的俸禄、士兵的粮饷一样。毕竟要给藩府的岁禄，经常是明朝当年财政里农业收入的二到二点五倍，朝廷肯定拿不出来那么多。尽管如此，藩府给财政造成了负担是基本事实。

藩王不但要岁禄粮食，还要土地。他们占了大量土地后，还让农民给他们纳税。比如万历皇帝宠爱自己和郑贵妃的儿子福王，不但赏赐无数，还准备拨给他四万亩土地，让他在这四万亩土地上收税。这个想法引得群情激愤，就连福王自己也不好意思要四万亩，于是最终减少到了两万亩。潞王也得到了向上万亩土地收税的权力，但河南已经没有土地能向他缴粮了，所以他就向山东收粮。

藩王府后来成了明朝统治机器里的毒瘤，养这十万人口就等于养了十万条寄生虫。这种局面一方面是明朝的政策造成的，另一方面也是藩府本身造成的。

有学者提出，国家确实花了很多粮食养藩府，但是藩府里也出了很多的文化人、艺术家。就像江西的宁王，后来不问政治，而是改玩艺术了，《太和正音谱》就是他组织编撰的。著名画家八大山人是宁王的九世孙，也是出自明代的藩府。开封的周王同样是个艺术家。但是，如果培养艺术家需要付出的代价是给国家造成这么大的负担，给财政造成这么大的压力，我个人宁愿那些艺术家不要出现，让百姓的日子好过一点。当然，这个观点可能会让很多艺术家觉得愤怒，这只是我个人的观点而已。

我在这里只是把藩王给明朝造成的财政负担拎出来讲了，实际上各个地方都要开支，财政负担也是压死明朝的一根稻草。但在军费、官俸、皇家的开支之外，藩府还要再另外开支。明朝财政需要拨出大量的经费，也就是把从农民身上收到的很大一部分田赋给宗藩做岁禄，这是极大的财政负担。而且，明朝越到后期，藩府的人口基数越大，这种财政负担也就越大。所以藩府虽然不是造成明朝灭亡的直接原因，却也是造成明朝巨大财政负担的原因之一。

第七章 明朝之亡是亡于藩府还是亡于富户？

我们再来说说富户。从阶级社会产生，一直到当代社会，穷人和富人都是客观存在的。即使是标榜自由、平等、博爱的国家，贫富差异同样存在，穷人和富人的矛盾也同样存在，这是一个客观事实，也是在阶级社会无法避免的事情。

任何平均主义的思想都不可能解救社会，任何平均主义的做法都不可能真正使穷人富裕起来。如何使穷人和富人在社会中能够各得其所，使他们的人格能够在社会中得到平等对待，让他们在这个社会中都遵纪守法，才是真正重要的问题。

中国古代社会很难解决这个问题。从人性出发，富户占的田多，财富多，国家向他们收的税就多，摊派给他们的徭役也一定多，但是富户一定是不愿意承担这些的，所以富户和官府之间就发生了矛盾和斗争。如何使富户安分守法，使官府能够从富户那里征发到正常的徭役和田税，让富户不过度欺压百姓，这才是紧要的问题。

明朝还没有建立的时候，明太祖就把苏州、松江的富人大量地迁到凤阳，让他们去开荒种地。后来，明成祖朱棣也把江南地区的很多富人迁到北平去开荒种地，还把城市里的富人迁到北平去做厢户，而后者连土地都没有。

明朝政府这样做的目的是杀富济国，就是把富人留下来的土地产业都收归国家所有，而不是分给农民和市民。这种土地称为"没官田"，国家向这些土地征收的税额特别高，因为其性质不是民田。

通过明朝一二百年的发展，富人重新崛起，苏、松、江、浙又成了天下富裕的地区。人们谈到天下富裕之地，一般就说这几个地方，天下富人也集中于此。

问题在于，富人一面千方百计地扩大财富，一面又千方百计地少缴税、少服徭役。具体而言，他们有很多种做法，第一种做法是将财产寄托在他人名下，譬如某富户家里有一万亩土地，他把一万亩土地分到一些穷苦的亲戚朋友名下，这样就可以少服徭役。这种做法在明朝叫作"诡寄"，又叫"铁脚诡寄"。这要买通当地的书手和官员。中国古代官场有"昏官贪吏"的说法：官很多是昏庸的，而吏长期把持一个地方的税收，很多是贪污的。所以，通过吏员之手，当地的富户可以办成这些事。

第二种做法是直接隐瞒。一万亩土地在鱼鳞图册中可能只有三千亩或者一千亩，甚至几百亩。

第三种做法是将财产寄托在官府的官户里。按照明朝法律，各种贵族、官员以及各级学校的秀才，每人都可以免除若干人的徭役。

第七章 明朝之亡是亡于藩府还是亡于富户？

富户通过各种各样的办法，少向国家缴税，少被国家派役，但国家又一定要收这么多税，一定要摊派这么多役。于是地方官就把本来应该由富人承受的田赋和力役摊派到贫苦农民的身上。这样一来，该纳税的少纳了税，本该少纳税的被迫多纳了税；该少服徭役的多服了徭役，本该多服徭役的反而得到了减免。明朝的社会矛盾与此也有关系。

还有一些不是纯粹凭财富起家的富户，比如有权势的富户，他们很可恶。如果家里有人做到二品官、三品官、四品官，就可以保护很多的人口不服徭役、不缴户税。锦衣卫的官员、宦官的家庭，也享受这样的政策。

我看过这样一条材料：北京查出了十几个要向国家缴税的城市富人，但是最后只有两家需要缴税，其他家都可以通过各种各样的方法来减免赋税。他们有的是靠宦官减免，有的是靠贵戚减免，有的是靠官员减免。其中，靠官员减免的富人家庭比较少，主要都是靠贵族、外戚和宦官。

这样一来，国家的田赋难以收足，城市里的商税也很难能够收到。财产方面是富人对明朝社会侵蚀的第一个方面，而第二个方面是土地兼并，这给明朝社会带来很大的隐患。

有一个著名的故事，讲的是海瑞出狱以后，为了树立榜样，朝廷不断给他升官，一直升到应天巡抚。不管做到哪一级的官员，海瑞行事基本上都是站在民众的立场上。在处理富人和穷人的官司时，假如官司是涉及名誉方面的，海瑞一般是判富人胜诉，穷人败诉。因为在海瑞看来，富人才要面子，穷人连饭都吃不上，要什么面子？但如果官司涉及财产问题，海瑞一般判穷人胜诉，富人败诉。海瑞认为，穷人连饭都吃不上，如果官司输了，他可能会倾家荡产，社会也可能就此多了一个不稳定因素；而富人反正有很多财富，损失一点不过是拔几根毛，不必跟穷人较劲。穷人赢了官司能够活下去，富人也不至于因此伤筋动骨。

后来，他到应天做巡抚，应天管辖的是明朝经济非常发达的地区——南直隶江南的苏（州）、松（江）等。大家早就听说海瑞是为穷人办事的，所以很多富人在海瑞还没有来的时候，就把朱门漆成黑门，以示低调。很多富户迫不及待地把还没有来得及分割的财产分割给穷人，但是后者都是他们自己的亲朋好友，实际上财产的产权没有变，不过是他们想在明面上缩小被打击的目标。

海瑞到南直隶的应天后，清查田产，发现他最大的打击目标竟然是曾经救过他的前首辅徐阶。但海瑞仍然毫不手软，对徐阶家里的财产进行清查，对以徐阶为首的江南大户所拖欠的税收进

第七章　明朝之亡是亡于藩府还是亡于富户？

行追缴。

虽然明朝前期曾经进行过打击，但随着此后一两百年的发展，江南土地兼并的问题已经非常严峻。富户占有的土地数以万亩计，而平民几乎无立锥之地，不言而喻，这肯定会激化阶级矛盾。

王阳明被派往赣州做南赣汀漳巡抚，就是因为江西、广东和福建三省交界处有许许多多的山贼。而这些山贼，大抵上都是从江西的吉泰盆地及福建、广东而来的无地农民。他们在家乡的土地被兼并，于是到南赣山区来寻找生存空间，开荒种地、伐树烧炭。王阳明对这种情况十分清楚，所以对闹事民众发布公告，说他知道在这里占山为贼的人绝大部分是被胁从的，之所以走到这一步，第一是由官府所迫，第二是由富户所逼。王阳明劝他们投降官军，下山种田。

所以，富户对国家、社会造成的危害，第一是有田少缴税、有丁少服役；第二是侵占穷人的土地，激化社会矛盾。

第三，在明朝濒于灭亡的过程中，富人对政府一般持不合作态度。在他们看来，政府应该维护他们的利益，而不是剥夺他们的利益。一旦政府想要剥夺他们的利益，他们就要采取各种办法对抗。

崇祯皇帝向大臣们发布诏令，说现在国家需要大量经费来养兵，希望诸位都想想办法。从大学士到六部的尚书侍郎、十三道监察御史、六科给事中，首先想到的办法是向皇帝打报告："听说皇室内帑藏银非常多，希望拿内帑出来接济军队。"

内帑就是皇室储存的财富，包括白银和粮食。明朝收税，一部分税进入太仓，一部分是要进入内帑的，大臣们希望皇帝把内帑拿出来补充军费。

崇祯皇帝说："没有内帑了。"

后来传出了一则材料，说李自成到北京后，竟然从皇宫里弄到七千万两白银，甚至将其打成银饼。后来李自成一路逃向西安，吴三桂的军队和清军就一路上捡拾他们丢弃的银饼。这则材料在史学界引起了很多讨论，但相信的人不是太多，我也觉得不太可信。

皇上要求大学士、六部、六科、十三道都拿出财富来，结果官员们捐得很少。但是李自成的军队进入北京以后，由刘宗敏主持"追赃助饷"，从大学士、部院大臣一直到科道官等，都要按照定额缴纳，结果还真收到了许多银子。上面所说的所谓"七千万两"，很多都是来自"追赃助饷"，而非崇祯皇帝的内帑。

第七章 明朝之亡是亡于藩府还是亡于富户?

这是官僚地主的表现,而民间的普通地主更是一毛不拔。

在明朝遭受危机、急需银两的时候,富人们一般都是装聋作哑,不出援手。而此时能够向官员、富户夺取财富的,只有李自成、张献忠带领的农民军。

有材料说,李自成的农民军包围洛阳的时候,守城的将领要求藩府拿出银子和粮食来犒劳将士。福王认为守城是将士们的事,而财富是先皇赐给他的,和他们没有关系,所以仍然一毛不拔。农民军在打下洛阳后,从福王府车载船运出了大量财富。

我们所谈到的富户实际上包括两个层面,一个是民间的富户,一个是贵族官员中的富户。这些富户在明朝的灭亡过程中都要承担责任。他们给国家所带来的危害和藩府所带来的危害是一致的,只是表现方式不一样。藩府是从官府要钱,而富户,包括官府地主、民间富户、贵族地主和普通地主,是在国家危亡之际不出援手,他们只想寻找新的利益保护者。

当李自成节节胜利,眼看就要取代明朝的时候,从官员到地主纷纷投靠李自成,就是因为李自成许诺保护他们的利益。当多尔衮带着清军进入北京的时候,他们又投向多尔衮,还是因为他们看到清朝也承诺保护他们的既得利益。

我在这里谈到富户对明朝灭亡的危害或者影响的时候,绝不带有仇富情绪，恰恰相反，我认为每个社会都要有富人。富人越富，国家的税收就可以越多；富人所办的企业产业越大，就能够容纳更多的劳动力，减少失业民众，提高就业率。但是作为富户，必须恪守国家的法律，绝不能通过各种方式来侵占国家的利益，剥夺民众的利益，否则就必然会导致阶级矛盾和社会矛盾的激化。等到社会矛盾激化到一定程度，穷人和富人是玉石俱焚的。天下所有的富人和穷人都应该明白这个道理，和平共处才是最好的选择。

无论是藩府还是富户，都不可能对明朝的灭亡造成直接影响。明朝之亡不可能直接亡于藩府，也不可能直接亡于富户。但是，藩府和富户的一些做法，确实对明朝的统治和财政造成了很大的影响。

第八章

明朝之亡是亡于海外白银还是亡于国内加派?

第八章　明朝之亡是亡于海外白银还是亡于国内加派？

很多人谈到，从哥伦布发现新大陆，到隆庆年间明朝在月港开海，大量的白银就在源源不断地涌入中国市场。

《水浒传》里有一个情节，吴用带着阮氏三雄到村盘上一个小酒铺喝酒，喝完之后竟然是用碎银子结算。这说明当时银子的使用已经非常普遍了，白银已经成为一种基本的媒介。中国古代的货币是以铜作为中介的，贵金属黄金、白银在市场上非常少。

为什么明朝有这么多白银？连皇帝也犯糊涂了，当然，他也许是装糊涂。所以在万历二十四年（1596），万历皇帝派矿监到各地开采银矿，要为朝廷获得更多的银子。但是几乎所有矿监都向朝廷打报告："矿脉微细，得不偿失。"

中国是个贫银国，银子主要是从海外流通过来的。晚明有两组非常著名的小说集，一个是冯梦龙的"三言"（《喻世明言》《警世通言》《醒世恒言》），一个是凌濛初的"二拍"

(《初刻拍案惊奇》《二刻拍案惊奇》)。《初刻拍案惊奇》中有个"倒运汉巧遇洞庭红"的故事,故事的梗概是:

苏州有一个读书人,举业不成,就想和朋友一起做生意。但他不但缺本钱,还常常亏本,所以外号叫"倒运汉"。"倒运汉"朋友的生意不仅有国内的,还有国外的,会到海外去做生意。

朋友邀"倒运汉"去海外做生意,"倒运汉"很高兴,心想:尽管我没有货物,但我可以到外面去玩玩啊!他的朋友们把苏杭的丝绸、景德镇的瓷器、松江的棉布搬上了船。"倒运汉"在苏州当地买了一担橘子,虽然不值钱,但也算有了货。当"倒运汉"把橘子挑到船上时,大家都笑了。船行驶了一个月,来到国外,朋友们都去卖货了,"倒运汉"无货可卖,于是就在船头看风景。后来他一想自己还有橘子,于是就去倒仓,想晾晾橘子,免得烂掉。结果一倒仓,他发现橘子不但没有烂,而且颜色比原来更好了。"倒运汉"心里高兴,就把橘子摊在船的甲板上晾晒。外国人看到红彤彤的橘子,不知道这是什么。"倒运汉"剥开一个橘子品尝,发现竟然甜美无比,非常好吃。作者解释说,也许是因为在海里航行,温度和陆地上不一样,橘子发生了变化,就变好吃了。

第八章 明朝之亡是亡于海外白银还是亡于国内加派？

有外国人想买他的橘子，因为语言不通，只好打手势。"倒运汉"丢了一个橘子给他，他吃了以后很高兴，问价钱。"倒运汉"比画了"一"，于是外国人从口袋里掏出一个金币给了他。一个金币换一个橘子，买者如潮。"倒运汉"赚了一大笔钱。

这个故事反映了一个事实：东南亚普遍用银子、金币作为交换媒介。

大家都知道，除了历史小说，所有小说说的都是当代的事情，即使是历史小说，也有当代的影子在里面。如果银子没有成为通货，小说家想不出吴用用银子付账；如果没有大量人出海经商，小说家也不可能想象出让主人公去海外做生意。

明朝的朝廷虽然没钱，但是民间白银则是源源不断地输入。像"倒运汉"这种做生意发财的和家里本身有很多财富的人，他们的银子大多是从海外来的。

这与哥伦布发现新大陆有关系。哥伦布是意大利人，他和西班牙王室签订协议，带着三条船从东向西横穿大西洋，抵达了美洲。此后，西班牙人源源不断地来到北美洲和中美洲。而葡萄牙人不甘落后，来到了南美洲。

西方人向海外寻求财富，寻求东方的物品。很多国内学者说，哥伦布发现新大陆和两个事情有关：第一是读了《马可·波罗游记》，知道遥远的东方、遥远的中国是多么像天堂，多么富裕；第二是知道了"地球是圆的"这种概念，他认为既然地球是圆的，他向西走，也可以到东方。此时，欧洲人向东的陆地交通被当时的奥斯曼帝国阻隔了。于是，葡萄牙沿着非洲向南，希望绕过非洲去到东方，结果就有了达·伽马率领舰队绕过非洲好望角，进入印度洋并来到印度的事。而葡萄牙阻住了西班牙南边的海路，代表西班牙王室的哥伦布便带着船队向西进发，目的也是到东方寻找财富，到中国寻找丝绸、瓷器。中国的丝绸、瓷器早在宋代就通过海路传到了印度洋沿岸，甚至到了非洲和欧洲。

哥伦布抵达美洲是1492年，达·伽马抵达印度是1498年，二者前后相距只有六年。哥伦布发现新大陆后，西班牙人在墨西哥发现了巨大的银矿，美洲的白银有些到了西班牙，有些通过太平洋来到了菲律宾的马尼拉。十六世纪初，也就是正德年间，来到中国南海的葡萄牙人以及此后来到中国东海的西班牙人，都想到了一个和中国人做生意的途径，就是用白银来购买中国的丝绸、茶叶、瓷器。白银从此源源不断地由海外进入中国。

日本学者岸本美绪为白银大量流入中国特别选取了一个节点——1571年（明朝隆庆五年），因为这一年西班牙人在现在的菲律宾建立了马尼拉市。从此以后，马尼拉就成为西方和中国

第八章 明朝之亡是亡于海外白银还是亡于国内加派？

进行贸易的巨港。源源不断的外国商人和中国商人做生意，把白银从马尼拉、日本运进中国。

史料记载，福建有一个无赖叫张嶷，这位张嶷可以说是一个江湖混混儿，但也是一个对国外信息非常了解的江湖混混儿，至少他知道大量的白银是来自马尼拉。万历三十年（1602）前后，他和北京的一个低级军官共同向朝廷打报告说，海外的马尼拉遍地都是银子、金子，如果派人到那里去开矿，每年至少能够有十万两黄金和三十万两白银的收获。

万历皇帝非常激动：商人有那么多银子，我们朝廷却没有银子，如果能够到马尼拉去开矿，那不是非常好的事吗？

于是圣旨层层下达，到了福建省漳州府的海澄县（月港就在海澄县）。海澄县派了一位任县丞或主簿的官员，和张嶷一道来到马尼拉，和当地的西班牙当局沟通，要在马尼拉开采金、银矿。

这一举动惹怒了马尼拉的西班牙当局，后者说："如果我们想要到你大明去开矿，你们允许不允许？"他们驱逐了明朝的使者团，并且对在马尼拉经商的中国商人进行清洗。史料记载，当局杀害了两万多户中国商人。我们通过这些记载才知道，福建的泉州、漳州竟然有那么多商人在马尼拉从事商业活动。这说明，当时中国的海外贸易非常繁盛，仅仅一个马尼拉就有这么多中国商户。

明朝政府对此无可奈何，只能下诏旨，要求马尼拉当局承认错误，赔偿损失，同时把张嶷也斩首了。张嶷此举虽然荒唐，但是他提供了一个信息：中国国内大量的白银是通过马尼拉进入的。这不是因为马尼拉有银矿，而是因为马尼拉是个中转站。红薯传入中国时，马尼拉也是它的来源地之一。晚明时期，马尼拉成了中国和美洲、欧洲大陆贸易的一个非常重要的据点。

另外一个重要的中西方贸易据点是澳门。正德、嘉靖年间，就有葡萄牙人在澳门与中国人互市。后来他们以晾衣存货为由，占了一片岛屿，逐渐发展，成为今日澳门的前身。

万历时代，澳门已是雄镇。第一，它是中国通过南海和欧洲大陆进行贸易的一大港口；第二，由于西方近代军事工业的发展，葡萄牙的火器从澳门中转来到中国内地。广东的地方官对澳门几乎没有办法。中国商人通过在澳门经商，不断地把中国内地的货物卖到外国，外国的银两也经常通过澳门进入中国内地。

那时白银进入中国内地主要是通过三个地方，从北到南依次：第一是日本，日本和中国进行贸易，也经常使用白银支付；第二是澳门，澳门的白银大体上来自欧洲；第三是马尼拉，这主要是欧洲和美洲的白银。当然欧洲的白银很多又是从美洲过去

第八章 明朝之亡是亡于海外白银还是亡于国内加派？

的，世界正在进入全球化。大航海时代、全球化时代已经到来，从国外传进来的不单是白银，还有传教士，以及源源不断的西方文化。

从十六世纪下半叶到十七世纪上半叶，究竟有多少白银通过贸易流入中国？对于这个问题，学术界争议很大，学者们对白银估计的最高值和最低值相差五至八倍。不过一般认为，在这一百年里，大约有一亿两白银进入中国，这给中国的市场带来了巨大的活力，也令明朝皇室极其眼红。如果读者对这个问题感兴趣，可以去读万明教授的著作。研究白银的问题，尤其是明朝白银货币的问题，万明教授可以说是当之无愧的海内第一人。通过她的书，我们可以看到白银贸易的来龙去脉。万明教授对中国瓷器的海上贸易也有很深入的研究。她在文章中曾经呼吁把"海上丝绸之路"改名为"海上丝瓷之路"，因为和国外贸易的商品不仅仅有丝绸，还有大众使用的瓷器，这些瓷器来自江西景德镇。每隔不久，就有大帆船把中国货物源源不断地运向国外，然后就有大量白银流入中国。

有一种说法认为，明朝的灭亡是因为发生了银荒。因为在崇祯年间，由西方进入中国的白银量急剧减少，这带来了白银的危机，进而造成通货膨胀。

但是我在研习明史的过程中，并没有看到万历年间或崇祯年间因为白银紧缺而造成的通货膨胀，更没有看到因为通货膨胀而带来的社会动荡。

还有一种说法是两个原因导致那么多白银从西方进入中国的：第一是西方人想要购买中国的货物，第二他们实际上是在套取中国国内的黄金。按照这种说法，明朝的天启、崇祯年间，西方的金价和银价的比率大概是1∶10～1∶15，也就是说一两黄金可以比兑十至十五两白银；而中国国内的金价和银价的比率是1∶5～1∶7，也就是说五至七两白银就可以比兑一两黄金。如果用大量的白银把中国的黄金套出海外，那么西方商人可以在海外市场上用同样的黄金换取到更多的白银。

不管怎么说，大量白银进入中国市场，对明朝商品经济的发展无疑起了推动作用。所以，张居正改革也是把实物地租向货币地租转化。这无疑是市场繁荣、商业发展、社会进步的一大表现。

有些朋友认为，明朝的灭亡恰恰是因为白银太多，商品经济太发达，对传统男耕女织的农业经济和国家财政造成了极大的破坏。

我们需要考虑经济基础和上层建筑的关系。经济发展无疑

第八章 明朝之亡是亡于海外白银还是亡于国内加派？

会促进社会的进步，至于财政制度变不变革，则是朝廷的事情。上层建筑需要适应经济基础的发展。明朝在白银货币来到中国的时候，如果能适时调整税制，把以农业税为主体的税收制度转换为多种税收并举的制度，才是一个明智的、进步的、负责任的政府的做法。政府应当顺应经济发展趋势，改进国家制度和财政制度，而不是为了维护原有的财政制度，阻挡商品经济的发展和社会的进步。

郑和下西洋是中国乃至世界航海史上的一次壮举，但是同时又是古代中国退出世界先进行列的告别仪式。世界进入大航海时代，进入全球化时代，中国与世界的关系和交往更加密切。思考如何适应这种新的形势，如何改进自己的商业税，改变统治政策，这些才是明朝政府应该做的事。如果说白银与明朝的灭亡有关系的话，责任不在白银，而是在明朝政府。

明朝之亡和海外的白银是没有关系的。恰恰相反，海外来的白银推动了中国商品经济的发展，推动了明代社会的前进。如果说它有损害，那也是因为明朝政府没有很好地融入大航海时代和全球化进程，而不能甩锅给白银。我们不能责怪商品经济对原来的农业经济——尤其是以农业税为主要税收来源的旧体制的冲击，要怪只能怪明朝"以一变应万变"，恪守祖宗家法，裹足不前。

在生产力发展的同时，生产关系要适应生产力的发展，而不是压制生产力的发展，让生产力的发展将就已经成为经济发展障碍的生产关系。当经济基础发展的时候，上层建筑应该适应经济基础的发展，应该与时俱进，而不是为了维护旧上层建筑来阻止经济基础的发展。这才符合马克思主义的历史唯物论和辩证唯物论。

和海外白银流入相对应，我们列出了导致明朝灭亡的另外一个原因——国内的加派。

"加派"在明朝是一个特定的名词。虽然在嘉靖年间，朝廷就已经开始加派田税，但是这次加派持续的时间很短，危机过去后就取消了。而万历后期到崇祯时期加派的田税，由于危机一直没有过去，不但没有解除，反而变本加厉。

明朝全年的农业税如果以稻米和小麦计，是三千万石左右，后来折合成白银，是两千万两左右（白银与稻米的比率，在明朝的各个时期是不一样的。明朝早期，一两白银可以折合三到四石稻米。到了明朝后期，一两白银则可以折合零点八到一石稻米）。但是，前面提过，农业税是靠天吃饭的，粮食丰收了，税

第八章　明朝之亡是亡于海外白银还是亡于国内加派？

收就可以满额；粮食歉收了，国家就收不上税。所以，三千万石稻米或所谓两千万两白银，只是理想中的数字。

由于关外女真的崛起，朝廷要不断增兵援助辽东地区，加强蓟州镇和辽东镇的边防力量。蓟州、辽东、宣府、大同是明朝"九边重镇"的前四镇。蓟州第一，因为它是北京的门户。辽东第二，因为后来明朝的主要危险来自女真。

要增兵，就要加饷。

熊廷弼曾经算过一笔账：招募一个士兵，每年需要十八两银子。实际上，还不止这些，因为有的士兵是会逃跑的，逃跑以后他再去其他地方应征，又要另外给他一份钱，这样一来，朝廷原来按照常规运转的财政就远远不够了。如果士兵的兵源是有根之徒就比较好，因为可以从他的籍贯看到他家里的根，所以这些士兵不容易逃跑。

从万历二十四年（1596）开始，明朝派矿监税使到各地开采白银，增加商税，引起了社会剧烈的动荡。万历皇帝去世以后，明光宗朱常洛继位，大臣们以他的名义把矿监税使全部废除。从此明朝从城市里弄银子的路就断了，还是要回到农业税。朝廷不可能像张居正那样重新来一次丈量。张居正之所以要丈量土地，是因为地主隐瞒不报的土地太多，而且丈量工作只有在张居正那种强有力的监控下才可能进行。张居正时代早已经成为历史，明朝即便想再来一次丈量，一方面条件不允许，另一方面也无法实施。无可奈何之下，朝廷只好加派。

万历四十七年（1619），明朝和崛起中的女真在萨尔浒进行了一场血战，而"辽饷之派"是在萨尔浒战役之前的万历四十六年（1618），也就是筹划调兵讨伐女真的时候发生的。当时是全国的土田每一亩加派三厘五毫（明朝的银两的单位从大到小依次是两、钱、厘、毫）。

明朝原来的农业税是收粮食的，每亩民田收三斗五升到五斗五升粮食，官田收五斗粮食，没官田收一石五斗粮食。后来由于张居正改革，把实物税折合成银两了。所以，明朝后来收田税是折合成银两来征收的。辽饷开始加派的时候，自然也是以银两为单位，每亩加派三厘五毫。到了万历四十七年（1619），也就是萨尔浒之战失败的这年，每亩再加三厘五毫，总加派变成七厘了。到了第三年，又加二厘，每亩总加派九厘白银。辽饷的总数是五百二十万两，相当于整个明朝田税收入的四分之一到五分之一。

但是有一个事情很奇怪，辽饷加了这三次以后，再也没有追加了。整个天启年间，辽事也很紧张，但是没有追加辽饷。也许

第八章 明朝之亡是亡于海外白银还是亡于国内加派？

是因为反响太大，所以政府收手了，保持为每年五百二十万两。

天启七年（1627），王二在澄城杀知县张斗耀，揭开了明末农民战争的序幕。接下来，各路农民军纷纷涌现，整个明朝的西北地区陷入战争状态。

崇祯三年（1630），崇祯皇帝接受了臣下的建议，加派剿饷（剿贼之饷，贼指农民军）。这是在李自成加入起义军以后，不过那时明朝完全不可能知道有李自成这个人。由于陕西事态严重，朝廷在征辽饷的同时追加剿饷，一共加派了三百三十万两，大约相当于辽饷的五分之三。

到了崇祯十年（1638），农民军闹得更厉害，关外的女真军也不断深入内地。明朝要增加军队，就要先训练军队，就需要经费。有人提出了另外一个加派的名目——练饷。练饷一口气加派了七百三十万两，比剿饷的两倍还多。

辽饷、剿饷、练饷合在一起，被人们称为"三饷加派"，总共近一千六百万两，相当于明朝正常农业税的三分之二。它们被全部加在农业税上，以亩来分摊。

有人认为，即使是一千六百万两，摊到每亩田也是微不足道的。这个观点我不太同意，因为农业税一直是非常难收的。我们上一章谈到明朝的农业税看上去是有七百多万顷的田可以收税，但是由于大户的隐瞒、诡寄等，摊到农户身上的负担就很大了。根据我的计算，"三饷加派"对民间意味着每一亩农田要增加百分之七十左右的税收。

有学者认为，"三饷加派"超过了两千万两，相当于明朝全年农业税的总数。我觉得这可能有一些夸大，因为这三饷加派累加起来是一千六百万两左右，而且也并不是每一年真正能够收上这么多。这有两点原因：第一是自然灾害，第二是战乱。这种负担对贫苦地区的农民来说无疑是雪上加霜。

我有个学生对这个问题做了一个很好的研究。他指出，辽饷、剿饷、练饷的加派，一方面给农业人口增加了很大的负担，另一方面对西北的农民非常不利，因为三饷是按田亩来摊派的，这看上去非常公平，但是不经意间用外表的公平掩盖了实际的不公平——东南地区和西北地区的差异问题。

土地最肥沃、生产效率最高的地方是苏、松、江、浙，还可以加上湖广，也就是现在的湖南、湖北的江汉平原，这里的水稻年产量和陕西——尤其是陕北的小麦年产量相比，差距为五倍以上，两边的土地产出率不一样。

另外，苏州、杭州、松江、嘉兴、湖州等地的很多土地已经不种粮食，改种经济作物了，经济作物的产出更高。江西的兴

第八章 明朝之亡是亡于海外白银还是亡于国内加派？

国、石城等地在肥沃的土地上大规模种植烟草，烟草的产出价比粮食的产出价要高得多。在当时，人们为了到底是种粮食还是种烟叶进行了激烈的争论。

坚守传统的人说："民以食为天，这么好的土地一定要种粮食，解决温饱问题。"

另一些人则认为："这么好的土地，种烟叶的产出比粮食更高，为什么不可以种烟叶？我们可以用烟叶卖的钱再买粮食。"

多少土地种粮食，多少土地种经济作物，这是一个调配问题。但总之，东南地区土地的每亩产出量比西北要多得多，这是其一。

西北地多人少，东南人多地少。同是农民，苏、松、江、浙的农民人均拥有的土地量比西北要少得多，这个差距可能是三到五倍。以吉安、吉水为例，嘉靖年间，每一个劳动力能够分到的土地甚至不到一亩。如果把"三饷"的压力落到每一个劳动力身上，可以发现一个西北地区的农民承担的加派负担，是一个东南地区的农民的十倍左右。这是其二。

所以，我的学生说这是一种表面上的、不经意的平等，它掩盖了事实上的不平等。

我对这个问题没有进行深入的研究，不过从文字、逻辑上看，他的推导是有道理的。但是"三饷"的摊派是不是完全按照田亩分摊，有没有可能是东南摊得更多，而西北少一些，也要做具体研究。单从表面看，西北地区的农民确实比东南地区的农民所承担的摊派量要大。

明太祖朱元璋曾经有一个非常著名的治国理念：东南收成好、财富多，所以用东南之财富养西北之士马。他并不追求在西北地区能够得到多少税收，而是力图在东南多收税，好在西北地区培养战士，提供兵力。

"三饷加派"给西北农民增加了巨大负担。不能不说，明朝亡于农民起义，而农民起义之兴起和"三饷"的加派是有直接关联的。

我们回过头来说，明朝之亡是亡于海外的白银收入，还是亡于内地的"三饷加派"？毫无疑问，我的观点是"三饷加派"的影响更大，因为它直接加重了农民的负担，把农民推向绝路，加上自然灾害造成的危害，农民除了起义没有其他路可走。因此，明朝之亡和"三饷加派"有直接关系。

第九章

明朝之亡是亡于社会开放还是亡于政府封闭?

第九章 明朝之亡是亡于社会开放还是亡于政府封闭？

明史学家毛佩琦有一个很有意思的结论：明朝由开放走向灭亡，而清朝由封闭走向强盛。这个说法指出了一种现象：晚明的社会是个开放社会，但是明朝最后亡了；清朝最强大的康乾盛世时期，却是相对封闭的。

明朝社会有一个由严峻、冷酷到自由、奔放的发展过程。这个过程主要发生在明朝开国后的前一百年，在此之后就是持续开放。

我把明朝的前一百年大致分成三个阶段：

第一个阶段是从洪武到正统年间，此阶段大概有七十年。

这个时期从总体上来说，政治气氛是严峻的，但是未必都是冷酷的。建文时期、仁宣时期，政治氛围都有过相对的宽松。真正既严峻又冷酷的时期是洪武十三年（1380）到洪武二十六年（1393），这段时间明太祖通过几个大狱对功臣进行大规模屠杀，同时打击知识分子，可以说是既严峻又冷酷。永乐初年，明成祖也对建文旧臣进行了严厉打击。

宣德皇帝朱瞻基虽貌似雄才大略，但同时也喜欢玩，所以在宣德时期，国家管理一度比较宽松。为什么明英宗即位以后，以内阁大学士杨士奇、杨荣为代表的文官要定年号为"正统"？他们就是想要回归到祖宗的法治、圣贤的道理，也就是要让国家重新加强管理。

江西吉水人李时勉当时正在北京做国子监祭酒，他写过一封奏疏，向朝廷打报告说国子监很多学生现在不学好，不愿意读孔孟之书，而是读歪门邪道的民间小说，比如《西厢记》《剪灯新话》《剪灯余话》等。用当时的话说，这些书是"诲淫诲盗"的。而明英宗和宦官王振也努力恢复太祖、太宗时期严峻冷酷的统治。所以正统年间，社会气氛又开始严峻起来。

在这个阶段，最好的职业是从仕。通过科举考试入仕，本本分分地做官，一方面可以体面致富，另一方面可以光宗耀祖。所以，当时社会只有一个价值标准，那就是仕途，就是做官。

第二个阶段是从正统到成化年间，大概是明朝开国后第七十年到一百年的时候。

在这个阶段，社会开始出现第二个价值标准。如果说第一个

第九章 明朝之亡是亡于社会开放还是亡于政府封闭？

时间段的基本价值观是官本位，仕途至上，那这个时期的第二个价值标准就是财富。

随着明前期严峻冷酷的气氛远去，社会财富开始重新积累，又出现了一批富人。这批富人在帮助国家赈灾、救灾的过程中得到了荣誉，政府将他们旌为义民，让他们冠带荣身，甚至让他们有了进国子监读书的机会。此外，经过几代人的传承，统治者也大多成为有产阶级，他们也希望对有产者进行保护。

第三个阶段是从成化到正德年间，也就是明朝开国之后的第一百年到一百五十年。

这个阶段的到来表明，明朝多元化社会开始启动。从成化年间开始，在仕途和财富以外，社会的第三个价值标准——文化出现了。各种各样的文化人可以通过自己的文化作品获得社会的承认，各种各样的能工巧匠也可以通过自己的作品和手艺得到社会的承认。这样一来，由仕途到财富，由财富到文化，明代社会的价值评判标准进入了第三个层面，仕途、财富和文化三种价值观并存。而这三种价值标准的并存，意味着明朝多元化社会的到来。

当时北方出现了以李梦阳为代表的"前七子"流派，他们作的新诗、写的新文和原来的诗歌与文章不一样。有记载说，李梦阳在开封的时候，有小朋友找他学习写诗，因为他是最了不起的诗人之一，李梦阳却说："真诗在民间。"

南方则有"吴中四才子"：祝允明（祝枝山）、唐寅（唐伯虎）、文徵明、徐祯卿。有记载说，祝允明以画竹子闻名，有一天，朋友请他画竹子。祝允明很高兴，但刚一拎起笔，又把笔放下。朋友不敢吭声，怕干扰他的思绪，然后又见祝允明把笔拎起来，准备落纸。朋友很高兴，以为他终于构思成功了，没想到祝允明又把笔放了下来。

朋友觉得奇怪，问："怎么回事？"

祝允明说："我今天没有精神。"

朋友说："那明天怎么样？"

祝允明说："我也不知道明天会不会有精神。"

这位朋友在其他人的提示下才知道祝允明是要润笔费的，于是把银子放在案头上。祝允明立刻有了精神，一挥而就，画完还要多盖几个章。

这说明到了成化、弘治年间，精神就是财富，财富会转化为精神。明朝进入了多元化社会的时代，社会开始开放，所以我们才能看到陈献章、湛若水师徒讲学，罗伦、章懋讲学，王阳明的心学出现，各地书院开办。在明朝的前五十年，是不允许私人讲

第九章　明朝之亡是亡于社会开放还是亡于政府封闭？

学的。

明朝越来越开放，甚至开放到了思想家、文学家、艺术家的价值标准开始影响民众的价值标准的程度。比如前文中提到的陈眉公（陈继儒），他戴的头巾在当年叫"眉公巾"，他穿的服装叫"眉公服"，他坐的马桶叫"眉公马桶"（因为这些东西都是苏州制造，所以又叫"苏样"），风靡全国。这样一来，他们的思想、价值观也会影响民众的价值观。

第三章讲过，顾宪成和王锡爵在内阁中对话，一个说："庙堂之是非，天下必欲反之。"一个说："天下之是非，庙堂必欲反之。"东林书院这一批人的讲学，恰恰也是明代社会多元化的产物。

不过，针对这一情况，明政府也在两个时期进行了打击：一个是张居正执政的时候，他摧毁了一批书院；一个是魏忠贤当道的时候，他也摧毁了一批书院。原因就是很多书院都评议朝政。

但是，明朝的开放是一个持续发展的过程。万历年间，这种开放又加上了西方殖民者的因素、西方传教士的因素、中国被拖进大航海时代的因素，就更加全方位了。而月港的开海推进了经济开放的进程，社会也更加五彩缤纷了。正德年间，一个操着葡萄牙语，自称是葡萄牙人的人竟然还以火者的身份进入皇宫，帮明武宗做饭,后来才发现,此人是假葡萄牙人。他是在东南亚马来岛上的华人,因为和葡萄牙人接触多了,熟悉西方饮食,也熟悉葡萄牙语,竟然以葡萄牙火者的身份进入了明朝宫廷。

万历二十九年(1601),有一个宦官在临清收税,截获了一艘船,船上载着一位意大利传教士。此时,从西方到来的主要有三类人和事物:第一是货物、白银;第二是殖民者,因为他们开始在澳门定居了;第三就是传教士。

这艘被截获的船上的传教士名叫利玛窦。利玛窦来自意大利,他想见明朝皇帝,但第一次没有见到,朝廷还逼迫他退回到南京。他干脆退回到了南昌。利玛窦在南昌传教三年,和很多士大夫建立了友好关系。他穿汉服,学习汉语,读"四书""五经",中国的士大夫把他叫作"洋僧"。利玛窦坚定不移地想要到北京去,最后终于到了北京。礼部认为他的来历非常可疑,说所谓的意大利、大西洋,在《明会典》里没有记载,所以他非常有可能是个骗子,这种骗子很多,所以不能让他在京师待下去,要把他驱赶出去。由此也可以看出当时明朝的礼部,也就是掌管外事的官员是如何的保守和无知,当时的明朝封闭到了什么程度。

但是,利玛窦带来了万历皇帝喜欢的东西——自鸣钟和万

第九章　明朝之亡是亡于社会开放还是亡于政府封闭？

国图。中国过去要掌握时间靠滴漏（水漏或者沙漏），所以有一个职业叫"更夫"，三更天、五更天时，更夫要打更，西方的自鸣钟竟然可以到时间自己打钟，看上去很神奇。万国图就是世界地图。万历皇帝认为此人真有学问，于是利玛窦就在北京住下来了。此后，西方传教士就开始源源不断地进入中国，很多中国人成为天主教的信徒，其中就包括著名的徐光启、李之藻。

徐光启之所以不断要求崇祯皇帝准许官员到澳门去聘请葡萄牙的教师，购买葡萄牙、西班牙乃至荷兰的火器（主要是火炮和铳），就是因为他跟利玛窦等传教士接触后，接收的信息更多了。

有记载说，在晚明的时候，由于传教士的到来，进入中国的西方图书有几千部之多。

崇祯年间，明朝用的历法还是郭守敬在元朝修订的《授时历》。《授时历》用了三百来年，它的预报、计算已经出现了很多的问题。

历法有那么重要吗？重要。历法的重要性可以分两个方面来看。第一是观察太阳、月亮、星星的运行，指导农时，它代表着当时的数学乃至天文学的水平。比如，在农时中，立春早一天或者晚一天，其中的门道很多。因为气候不同，北方的立春和南方的立春是不一样的。第二，这也是政府是不是正统、合不合法的标志。比如，什么时候将有日食，什么时候将有月食，这些时间如果计算错误，那朝廷的面子就丢大了。甚至每一个月的月盈和月亏的时间都要有准确的计算，要能准确预测月亮什么时候完全圆起来，什么时候完全不见或者成为一条线。如果正月初一月亮变成了半边形，或者到了八月十五月亮还没圆，那成什么道理？而且这套历法不但国内要用，还要颁布到各个附属国，比如说中山国（琉球群岛）、安南国（越南）、朝鲜，如果它不准确，那天子的正统性、朝廷的合法性都会受到质疑。所以，历法是一个朝代在文化上非常重要的体现。中国历史上最早的科学技术的发展，部分就体现在历代的历法上。

崇祯年间，历法的修订工作虽然以大学士徐光启为首，但主要干活的是以汤若望为代表的西方传教士。这部历法后来在清顺治时期才颁布，实际上最初它有另一个标题——"西洋历法新书"。

社会的开放给明朝政府带来了冲击，也给社会带来了进步。

明代社会在明朝开国一百年后逐渐进入了一种多元化的状态。有志青年可以习举业，进入官场，实现自己的抱负。如果他

第九章 明朝之亡是亡于社会开放还是亡于政府封闭？

们以名声为重，他们可以做像海瑞、叶春及那样的亲民官，把治下的县城治理得井井有条，成为全国地方官的榜样。如果他们仕途走得好，可以像王阳明那样，做到正二品的南京兵部尚书兼都察院左都御史这样的高官，能够为朝廷办很多事情。他们甚至可以走到像张居正那样的位置，对社会、制度进行改革，对整个国家产生很大的影响。

不过，他们也有第二条路，就是从事手工业、商业等各种产业。因为当时的明朝已经有很多物产，有很多市场可以开发。

比如上海。上海经济的发达有历史的缘由。从南宋开始，经过元朝、明朝到清朝的发展，上海成为中国最大的棉纺织业基地，凭借棉纺织产品成了中国最富裕的地区。再比如江西景德镇的制瓷业、铅山的造纸业，在当时都是明朝非常重要的产业。手工业者、商人可以在这方面大展身手。

西南地区有很多铜矿、锡矿。那时兴起了一场大规模移民运动，即江西填湖广、湖广填四川。江西有大量移民来到了云南、贵州和四川。

民国时期，著名学者丁文江先生从国外把宋应星写的《天工开物》带回国内重印，并且为宋应星写了《奉新宋长庚先生传》。其中提到，晚明学术空疏，士大夫却热衷于党争，于是一些有识之士开始关注实学，即实用之学。宋应星写了《天工开物》，图文并茂地介绍了当时中国的农业生产、手工业生产——尤其是矿业生产。

丁文江先生解决了我一直以来的困惑：一个最高只做到县学教谕的江西奉新人，为什么能够写出一部被英国科技史家李约瑟称为"十七世纪中国的工艺大百科全书"的作品？丁文江先生说："先生生于豫章，广信之铜、景德之瓷，悉在户庭。滇南、黔、湘冶金采矿之业，又皆操于先生乡人之手。"

手工业者、商人正在西南地区开矿，茶叶种植业、造船业以及浆染业等也在蓬勃发展。广东佛山还有制铁业。晚明时期，中国的手工业在很多地方已经有很好的发展势头。所以当时的有志青年可以走这条路。

他们还可以走第三条路：通过文化创作，为社会增光添彩。

我们通常说，中国历史上的文学样式是唐诗、宋词、元曲、明清小说。小说的真正兴起是在明朝，当时的文人创作出了许多长篇小说、短篇小说。我之所以对历史感兴趣，就是因为小时候一天到晚都在看历史小说。《三国演义》《水浒传》《西游记》《封神榜》《东周列国志》等都是明朝的，这些都是带有历史色彩的书。另外，明朝也产生了很多艺术家，北杂剧、南传

第九章 明朝之亡是亡于社会开放还是亡于政府封闭？

奇、民歌时调，都是大众喜闻乐见的艺术形式。

十六世纪的后半叶到十七世纪，也就是万历后期和崇祯时期，由于西学东渐，西方文化和科学技术源源不断地到来，使明朝走向一个和世界接轨的新时代。但是与这个时代同步的是，明朝的制度和朝廷正在封闭。

举个例子：弘治五年（1492），王阳明正在参加浙江的乡试，中了举人。弘治十一年（1498），苏州人唐寅在南直隶的乡试里中了举人第一，也就是解元。这两个人在弘治十二年（1499）同时参加明朝的会试——当时最有才华的中国学者正在做这件事。

与此同时，西方发生了什么？

王阳明考中举人的这一年，哥伦布发现了新大陆；唐寅考中解元的这一年，葡萄牙航海家达·伽马到达了印度；而他们俩一同参加会试（唐寅的第一次会试，也是王阳明的第三次会试）的这一年，达·伽马回到了葡萄牙，世界已经进入了大航海时代，进入了全球化时代。

嘉靖元年（1522），王阳明在绍兴赋闲，开始和学生讲论《大学问》；与此同时，葡萄牙人麦哲伦在西班牙王室的支持下进行了环球航行（1519—1522）。

明朝继承了隋、唐、宋、元以来的科举制度，却又将其严密化、程序化。在中国历史上，科举的严密化、程序化是在明清时代出现的，这是一种规范，更是一种封闭。

　　隋炀帝初开科举的时候，分十个科目来录用人才，这叫"十科举士"，招募的对象包括治理国家的人才、贯彻法律的人才、创作诗赋的人才等。

　　到了唐代，科举既有要熟悉儒家经典的明经科，也有考才学的进士科，还有算科、书科等。所以唐朝的科举考试也是录取各方面的人才。

　　但到后来情况发生了变化。宋朝前期，科举考试内容以辞赋为主，而从王安石时期开始，科举考试内容变成了以经义为主。到了明朝，科举考试内容仍然是以经义为主，甚至开始局限在朱熹章句的"四书""五经"里，以"四书""五经"出题，要考生以"四书"的集解回答，所以"四书五经"成为明代读书人的必读之书。这些书当然很好，蕴含着古人的智慧，但是同时也限制了读书人。科举分为《诗》《书》《春秋》等各科，作答要带"圣人言"，科举就这样一步一步程序化，也就一步一步封闭了。

　　到了明朝成化年间，科举进入八股时代。科举考文章，要

第九章 明朝之亡是亡于社会开放还是亡于政府封闭？

根据八股八段的程式写作。八股文进入科举考试，是因为阅卷方便，可以有标准答案，考官可以非常程序化地阅卷。但是对于考生来说，八股文却是一种禁锢。八股文一直传到清朝。人们在抨击明清科举的时候，抨击得最厉害的就是八股。

科举制度的封闭性所造成的危害不仅是没有了算学，甚至连原来朱元璋所定下的四夷馆也无以为继，也就是说没有了懂得外国文字和语言的人才。

四夷馆是礼部下属的一个衙门，专门培养通晓各种语言的人才，类似现在的外国语学院和翻译局。但是由于推行"禁海""禁边"政策，明朝和日本、蒙古等国的往来减少，日语、朝鲜语、蒙古语人才得到使用的机会也大大减少。明朝只设了三个市舶司：宁波市舶司只接待日本使者；泉州市舶司后来搬到福州，只接待琉球使者；广州市舶司接待来自南洋和西洋的使者。而且，明朝还特别限制日本使者，在相当长的时间里，只允许他们三年乃至十年来一次，同时控制其船只和人员数量。

外语人才的用武之地非常少，升迁机会更少，所以没人再学外语了。明朝后期，四夷馆几乎可以关门了。

万历援朝战争的时候，朝廷要找懂朝鲜语的人和朝鲜接触，找懂日语的人和日本谈判，四夷馆竟然派不出来，只好向民间招贤，最后找了一个宁波人。浙江、福建的民众对日语——尤其是九州的日语是非常熟悉的。东北季风一起，日本九州的人就到浙江、福建来了；东南季风一起，中国沿海的渔民、商人就到日本去了，所以，他们跟日本人很熟悉。民族英雄郑成功的父亲郑芝龙就娶了一个日本妻子，而郑成功正是这个日本妻子生的。在这样紧密的联系下，明朝官方竟然找不出谈判的人才，可见国家已经封闭到了什么程度。

明朝的科举只考经义，中国历史上的所有科学技术都没有被列入考试范围。明朝最能体现当代科学技术的两个衙门后继无人。一个是钦天监，钦天监直接和上天对话，观察天象，识别地理。过去这种衙门出了许多人才，东汉的张衡发明了浑天仪和地动仪，元朝的郭守敬编制了《授时历》。但明朝的钦天监没有任何新的科研成果，他们只是看有没有彗星、有没有大水、有没有地震，然后向皇帝提建议："该自省了，我们有些政策不合适了。"

明朝钦天监的唯一任务是以天象来警告皇帝，而对于天体本身的运动变化，他们没有任何创造性的发现。造成这种情况的原因有二：第一，钦天监的官员没有地位，升迁困难，因此缺乏研究动力；第二，他们得不到新信息，因此也就没有进步。郭守敬

第九章 明朝之亡是亡于社会开放还是亡于政府封闭？

当年编制《授时历》，不是闭门造车做出来的。他和他的团队吸取了色目人、阿拉伯人的新信息，把天文观察站建在了北到贝加尔湖，南到海南岛，东到朝鲜，西到甘肃（西北）、云南（西南）的地方，《授时历》才得以完成。

另一个重要的衙门是太医院，这体现了一个时代医学的最高水平。但是明朝的太医院也没有培养出什么医学人才。明朝的著名医学家、药物学家，如李时珍等，都在民间。

无论是钦天监，还是太医院，都和四夷馆一样，遭遇了相同的困境。进入这些机构后前途渺茫，升不了官，加不了薪，甚至还有生命危险，它们自然就无法吸引人才。大家可能会问，朝廷不重视只是升不了官，怎么还有生命危险？当然有。以钦天监的官员为例，他们不仅要观察天象、探知地情，还要向皇帝提意见；太医院的官员，他们侍候的是皇帝和他的家属，病治好了是本分，一旦治不好，就会被追责。

明朝的钦天监、太医院，几乎都是世代相传的家族事业，没有新鲜血液注入，而且他们也不希望有新鲜血液输入抢了他们的饭碗。把科技事业当饭碗，是发展不了科技的。这就像皇帝一样，为什么明朝皇帝越到后面越没有本事？因为没有竞争，他们天生就是皇帝。如果运气好，碰上聪明一点的皇帝，他还能承担起自己的职责；如果碰到傻的皇帝，他根本管不了事。

有人问：为什么每一个开国皇帝都那么有才干？因为他们是在千军万马中打出来的，是在无数人才的竞争中脱颖而出的。为什么明朝后来的皇帝没用？因为他们的继承人没有竞争的危机感，都是安排好了的，无论好坏都已经注定。为什么清朝的皇帝比明朝的皇帝能干？因为清朝的皇帝是可以选择继承人的，虽然选择空间不是太大，但是毕竟可以在多个儿子里选择最优秀的一个，而明朝没有选择。

为什么明朝在西方科学技术源源不断输入的情况下，先是挡不住倭寇，后来又挡不住女真？因为明朝的武器落后，只有在俞大猷、戚继光训练了新式军队后，拿着丝毫不弱于倭寇的武器装备，才能剿灭倭寇。后来真正改进武器的人是徐光启，幸亏他有国际眼光，"师夷长技以制夷"，训练了一支很了不起的国际军队。但是非常不幸的是，由于袁崇焕杀了毛文龙，毛文龙的属下孔有德、尚可喜等人发动兵变，他们率领着那一支最先进的军队投向了清朝。

明朝政府的最封闭之处是思维的封闭。官员唯恐出错，所以永远按照祖宗法度、圣贤道理来办事，这样可以不出错；一旦跳出三尺法，他们立即会被追究责任。

第九章　明朝之亡是亡于社会开放还是亡于政府封闭？

如果只论社会的开放和进步，明朝是中国有史以来最好的时代之一，但是明朝政府也是中国有史以来最封闭、最顽固的朝廷之一。

社会的开放是历史进步的表现，而政府需要适应这种开放的姿态，要与时俱进，在政治、经济、外交、文化等领域有符合开放时代的新政策，否则它就会成为历史发展的一种障碍。

明朝之亡是亡于社会的开放，还是亡于政府的封闭？毫无疑问，开放是进步的，而明朝政府的封闭要为其灭亡承担责任。但是，如何把社会的开放、进步引向好的发展方向？中国历朝历代显然没有这方面的经验和准备。

第十章

明朝之亡是亡国还是亡天下?

第十章 明朝之亡是亡国还是亡天下？

造成明朝之亡最直接的原因是什么？假设一定要谈我的观点，我认为，最大的原因是持续不断的自然灾害——水灾、旱灾、蝗灾、疫情。由于这些原因，明朝上上下下都被拖垮了。

如果没有连续不断的自然灾害，也就不可能有陕西出现的大动荡，不可能有李自成的死灰复燃和张献忠的重新举义，不可能有无数民众跟着他们抢富户、打城池、夺官府，至少这些情况不会闹得这么厉害。所以，如果没有持续不断的自然灾害，明末出现农民大起义的可能性就会大大降低。

第二个直接原因是女真的崛起，但是这对明朝来说，其实也很无奈。

中国历史上曾经多次出现过北方少数民族的崛起，而且中原政权的很多政策，比如君主制、中央集权的不断加强，在一定程度上都与防范周边动荡、防范少数民族的崛起有一定关系。事实上，商亡于周、周亡于戎和宋亡于金、明亡于清，属于同一性质。一个一个的王朝或皇朝的更替过程，正是中国统一的多民族国家形成与发展的过程。

世界上任何一个国家或民族，都不可能在全球或区域的发展过程中完全不受周边干扰，安安心心地过自己的日子。任何民族都没有这种环境，只是受干扰的程度不同而已。

周秦以来，中国就从来没有脱离过周边环境的影响，女真的崛起也是一种人类发展的自然现象。许多少数民族在和汉族、和中原的交往中，接受了中原的文化，不可避免地中原化，融入中华民族的大家庭。所以，女真的崛起和它后来的入主中原，实际上也是在轨迹之中运行的。

如果没有这些原因，明朝也许还能够延续下去，用一个不好听的词来形容，叫"苟延残喘"。但只要有这口气在，随着时间推移，会不会又出现张居正改革这样的历史事件？这是无法预计的。

除了这些直接原因，还有更深层次的原因，就是明朝整个官场的腐败。

一谈到官场的腐败，我们马上能想到两种行为，第一是贪污，第二是受贿。但实际上，官场上有比贪污受贿更严重的腐败,那就是统治者内部结成朋党。当他们党同伐异的时候,所有国家的利益、民众的利益都被抛于脑后,他们追求的是个体的利益、小集团的利益。

宋朝有所谓新党和旧党之争,明朝有所谓东林党和阉党之争。士大夫在朝野内外结成朋党,他们都在意气用事,都以自己的利益、小团体的利益为至上,根本不把国家的利益、民众的利益放在心上。这种斗争极其损耗国家的元气。无论是内政、外交还是周边的防御问题,甚至明朝的存亡,在他们看来都不重要,他们要做的事情就是把对手打倒。

在社会的开放过程中,在进入大航海时代、世界开始全球化的时候,朝廷不思进取,持续实行封闭政策,包括僵化的科举制度、仍然以农业税为主的呆板财政政策等,这些党同伐异的士大夫都应该承担责任。

明亡后,中国历史进入清朝时期。毫无疑问,清朝是中国历代政权的一个组成部分,是中国历史发展的一个重要阶段。

近年,极少数的学者——当然也有很多"民间高手",赞同一些西方学者和日本学者的说法(实际上那些学者的观点在本国学术界也没有进入主流,只是西方和日本的个别思潮)。他们提出疑问:清朝是中国吗?元朝是中国吗?

元朝和清朝当然是中国。元朝和清朝都是中国历史的一个阶段，从政权来说，它们是中国历史发展里的两个皇朝，和宋朝、明朝一样，只是民族成分的主体有所改变。元朝以蒙古贵族为核心，清朝以满族贵族为核心，但都是结合蒙汉、满汉以及各民族的上层来对整个社会进行统治的，只是表现方式不一样。

本章题目与一个伟大人物有关系。他是明末清初的三大思想家之一（一般排在第一位），他就是顾炎武。他也是清朝一股巨大的学术思潮——"朴学"的开山鼻祖。

梁启超先生认为，自秦汉以来，中国的学术有过四大思潮。第一是两汉的经学。无论对经学持何种观点，是厌恶还是喜欢，所有读书人都被卷入了经学的学术潮流之中。第二是隋唐的佛学。第三是宋明理学。同样，不管你是抵制还是拥护，都没有办法不面对它，没有办法不受它的影响，或者对它进行批评。对它进行批评，也是受它的影响。如果没受它的影响，就用不着跟它斗气，就根本不会把它当一回事。正是因为受它的影响，所以才会提出批评。第四是清代的朴学，所谓的朴学也就是以考据学为中心的学术思潮。

梁启超后来写了一本《中国近三百年学术史》，把顾炎武列为考据学的开山鼻祖。他把清代的考据学列为四大学术思潮之

第十章 明朝之亡是亡国还是亡天下？

一，是因为考据学同样把所有人都卷了进去，而且他认为，清代的这种考据学非常有锐气且坚挺。

有了顾炎武这位开山祖师，就有了堂堂正正的朴学大军，有吴派与皖派，还有非常强劲的殿军——南海康有为、新会梁启超。

明朝之亡到底是亡国还是亡天下的问题，恰恰和这位伟大的学者有关。

顾炎武在《日知录》的《正始》一文中说：

> 有亡国，有亡天下。亡国与亡天下奚辩？曰：易姓改号，谓之亡国；仁义充塞，而至于率兽食人，人将相食，谓之亡天下。

中国历史上有过无数易姓改号，秦汉、三国、两晋、南北朝、隋唐、五代、宋元明清，全是易姓改号。按照顾炎武的说法，这些属于亡国。

我和许多人一样，也都曾陷入一个误区。唐取代隋是易姓改号，是顾炎武说的亡国；蒙古入主中原，取代了宋，这大概属于亡天下吧。那么后来女真灭了李自成，取代了明，是不是也是亡天下呢？

后来，我反复读顾炎武的这段话，读他的书，发现他所说的亡天下指的不是上述内容，而是"仁义充塞"，也就是仁义传统的道德、儒家的学说被抛弃；"率兽食人，人将相食"，也就是无长幼之序、无君臣之礼。"仁义充塞""率兽食人，人将相食"，这才叫亡天下。

顾炎武在接下来的一段话中说：

> 魏晋人之清谈，何以亡天下？是孟子所谓杨、墨之言，至于使天下无父无君而入于禽兽者也。

礼仪亡才是亡天下，无君无父才是亡天下。

"正始"是曹魏的第三代皇帝少帝曹芳的年号，时间是在公元240年到249年。那时，清谈之风已经兴起。

顾炎武认为，亡国与亡天下的区别就在于仁义是不是丧失。谈到这里，我们回过头来看，清朝入主中原以后，传统的学说、传统的道德、儒家的仁义是不是丢失了？如果丢失了，明清易代就是亡天下；如果没有丢失，明清易代就不属于亡天下，仍然属于亡国，是易姓改号。

我过去也认为顾炎武既然在明清易代以后提出"天下兴亡，

第十章 明朝之亡是亡国还是亡天下？

匹夫有责"，那他一定是认为明朝灭亡、清朝入主，属于亡天下。而且有很多例子也显示这个变动是亡天下。

清朝入关以后，起初做了一些很符合汉人和汉族士大夫心意的事。第一，礼葬崇祯皇帝，给崇祯皇帝建陵、追谥、立庙号等，这些都和中国历代易姓改号没有什么区别。第二，祭拜明朝的忠臣。顺治皇帝曾经到保定祭拜明朝的著名忠臣杨继盛，这些举措看上去和中原政权也没什么区别。第三，建历代帝王庙并祭孔。皇太极改国号为清，建元崇德，在盛京（今辽宁沈阳）建孔子庙，定春秋二仲上丁行释奠礼。清朝入主北京之后，即以国子监为大学，立文庙祭孔；又建历代帝王庙于阜成门内，祭中国的历代帝王二十一人：神农、黄帝、少昊、颛顼、帝喾、唐尧、虞舜、夏禹、商汤、周武王、汉高祖、汉光武、唐太宗、宋太祖、辽太祖及世宗、金太祖及世宗、元太祖及世祖、明太祖；并以四十一位功臣配祭，其中包括许多民众耳熟能详的著名人物，如周之周公、召公、太公，汉之张良、萧何、曹参、陈平、周勃、邓禹、冯异、诸葛亮，唐之房玄龄、杜如晦、李靖、李晟、郭子仪、张巡、许远，宋之曹彬、韩世忠、岳飞，元之伯颜，明之徐达、刘基等。这就是文化认同。

从上面这些措施来看，清朝是在继承周、汉以来的中华文化

195

传统，能说这是"仁义充塞""率兽食人，人将相食"吗？不能。既然不能，就不能说明清易代是亡天下。

但是，清朝入主中原之后，也推行了一些倒行逆施的民族压迫政策和民族歧视政策，比如以"扬州十日"为代表的屠城和以"嘉定三屠"为代表的剃发。清朝的政策是"留头不留发，留发不留头"，百姓如果想把脑袋保住，就得把辫子束起来，把前面剃光。

即使清朝的统治已经逐渐稳固，康乾时期到来，清朝仍然在利用文字狱打击和压迫对其统治持反对态度的汉族文化人。但与此同时，清朝皇帝对孔孟之道不仅是推行，而且他们自己还真有研究。

曾静骂清朝，要把清朝赶出去，说满汉有"华夷之防"，雍正皇帝竟然静下心来和他讨论，讨论的记录后来被编成了《大义觉迷录》。雍正皇帝开导曾静说："按照你说的'华夷之防'，中原这些汉人中，有多少是真正的汉人？商是东夷，周是西戎，你们不是都承认他们是华夏民族了吗？"

雍正皇帝说得其实并没错。中华民族是长期发展的多民族的融合体，我们很难分清自己身上有多少汉族的血统，有多少少数民族的血统。以中国历史上最伟大的朝代唐朝为例，李世民身上有多少汉人的血统，有多少少数民族的血统？他的母亲是鲜卑族，他的先祖是从辽东迁过来的，李唐皇室就是汉族和少数民族的结合。站在今天的立场上看，中华民族走过了数千年的文明发展史，这是一个民族融合的历史。

顾炎武确实在清朝入主以后组织了反清复明运动，他对明朝充满着感情，对清朝——尤其是其改变宋明以来中国人形象的剃发易服政策深恶痛绝。所以，他奔波于各地，组织反清复明运动。

如果读者对明清易代的历史有兴趣，既可以读史学家的著作，也可以看金庸的《鹿鼎记》和《碧血剑》。这两部小说体现出来的中华民族的民族性、包容性，比部分学者、"民间高手"的三观要正确得多。所以，顾炎武所说的亡国和亡天下之分，和很多读者的理解是不一样的，他所谓的亡天下更主要的是指仁义的丧失，在于无君无父，在于孔孟之道被抛弃。

1988年，我曾经写过一篇文章《明清小说与明清社会》，在其中发表了一个观点：从对中国传统文化的延续来说，清朝甚至比晚明的保留程度更高。但这和我的另外一个观点并不冲突，我仍然认为明清易代使中国历史的前进步伐停滞了二百年之久。

在不断阅读顾炎武著作的过程中，我也不断地思考，后来陡然发现，原来顾炎武说的亡国与亡天下的区别是意识形态方面的，是传统文化方面的，而不是直接针对明清易代的。后来这句话变成"天下兴亡，匹夫有责"，是由梁启超先生演绎出来的。

梁启超写过一篇著名的论辩文章《变法通议》。他把顾炎武的这段话做了演绎，并且说这是"顾亭林曰"。其实，顾炎武的原话是："保天下者，匹夫之贱与有责焉耳矣。"

"天下兴亡，匹夫有责"是从这里演化出来的，其实并不是顾炎武的原话，而是梁启超对顾炎武亡国与亡天下论点进行体悟和演绎之后提出的观点。

这个观点的提出，是对顾炎武亡国与亡天下论点的继续发展和延伸。这是一个伟大的命题，不是一个人可以定论的，而是发展性的。当它发展到梁启超这一步时，他把顾炎武的亡国与亡天下之说推向了一个高峰，以唤醒全国人民"天下兴亡，匹夫有责"的意识。在每一次中华民族面临危机之际，这句话都起着震撼人心的作用，其意义是极其伟大的。

但是，对于顾炎武的亡国与亡天下之说，我仍然认为我过去的看法是一种误读，很多人的看法也是一种误读，我们误读了顾炎武，误读了顾炎武说的亡国、亡天下，以为亡天下就是指明清易代。

由于对"天下兴亡，匹夫有责"这八个字的误读，我们往往容易陷入一种伪命题的陷阱。

近些年流行着一句话："崖山之后无中国，明亡之后无华夏。"

我认为，任何一个概念的提出，包括"崖山之后""明亡之后"这种无稽之谈的提出，一定有其内在的合理性。其内在的合理性在于，当一个少数民族政权取代一个汉族政权，而且在取代的过程中充满着杀戮时，被杀戮的一方就像经历过"崖山之役""扬州十日""嘉定三屠"的幸存者，在悲愤之余可能产生"崖山之后无华夏，明亡之后无中国"的情感。这种愤懑是非常合理的。在特定条件下产生某种特定的想法和看法，毫无疑问是具有合理性的。

但是，中国历史经历着由元到明、由明到清、由清到我们中华人民共和国的过程，统一的多民族国家在不断地发展，各民族的融合在不断地加强。

如果在这个时候，我们还提"崖山之后无中国，明亡之后无华夏"，那要么是糊涂，要么是别有用心。这个糊涂，是指陷入了某些对中华民族的崛起、对中国现在的发展不满的极少数人士的陷阱。

中国社科院历史研究所的学者罗玮曾在《历史评论》发表了一篇文章，就是驳斥"崖山之后无中国，明亡之后无华夏"观点的。他指出，这一说法的直接来源是日本作家田中芳树的小说《海啸》。《海啸》描写了在元朝南下的过程中，宋朝的最后一支军队在陆秀夫、张世杰的率领下，于广东珠江口外面的崖山等岛屿上坚持抵抗的故事。最后这支军队全军覆没，所有船只沉没，二十万人被大海吞没。这是南宋抵御元朝南下，抵御元朝入主中原的最后一场惨烈的战役。

在这本书的扉页上，田中芳树提出了"崖山之后无中国"的说法。从善意的角度思考，他可能是站在当时的时代背景和立场上，产生了这样一种悲情、绝望的想法。

实际上，清朝入主中原以后，不服气的不单是汉族人，还有朝鲜人。朝鲜人虽然也臣服于清朝，但是他们觉得朝鲜受中原王朝的影响更大，接受汉族的熏陶更多，其文明程度比从白山黑水之间崛起的女真更高。朝鲜人认为："凭什么是你们女真来取代明朝，还对我发号施令？"

朝鲜作为明朝的附属国时，其使者到北京出使，回国后会写一个日记式的行程汇报，叫"朝天录"。"朝"是朝拜，"天"

第十章 明朝之亡是亡国还是亡天下？

是明朝。使者到明朝去朝拜，关于这一路行程的记录就叫"朝天录"。到了清朝，朝鲜使者就将同样性质的记载改叫"燕行录"了。北京在燕山山麓，北京又叫"燕京"，所以叫"燕行录"。朝鲜使者到清朝去一趟，只是到了一个地方而已。

由此可见，不但明朝遗老有"明亡之后无华夏"的想法，甚至朝鲜君臣也有这种想法。但是，历史是发展的，站在那个时代的人文立场上，我们可以理解，但是站在当代的立场上，我仍然认为，持这种观点者如果不是糊涂，就是别有用心，其中包括田中芳树。根据罗玮教授的考察，田中芳树也受到了日本军国主义时代学者，包括内藤湖南等人的观念的影响。

对人文科学、社会科学，尤其是对历史学来说，人们对很多事件的解读是由立场决定的。对同一件事情，我们可以做很多解读。我们站在中华民族的立场上，站在中国历史发展的立场上，可以做出一种解读；但是有一些人站在敌视中国或者不愿意看到中国发展强大的立场上，可以对同一件事做出另外一种解读。

金庸在小说《鹿鼎记》里说，韦小宝极擅长撒谎，有些是善意的谎言，有些是捉弄性的谎言。但是韦小宝撒谎的特点是所有细节全是真实的，但是他能通过选择性地提供真实细节，来制造一个极大的谎言。

历史研究需要考辨材料，也需要宏观眼光。为什么需要从历史发展的角度来分析某一个时代、某一个人物、某一个事件？就是因为在历史研究的过程中，往往存在着立场性的选择。叙述者带着自己的立场来选择其需要的材料，那样给读者提供的往往是谎言。

历史的本质是求真、求实，但是在求真、求实的过程中，一定不要忘记我们自己的立场。我们需要站在历史的发展过程中求真、求实，这才是真正的历史唯物论和辩证唯物论，才不会陷入历史虚无主义。

无论是明朝还是清朝，都是中国历史发展中特定时期的历史阶段；无论是明朝还是清朝，都为统一的多民族国家的发展做出了属于那个时代的贡献。但是无论是明朝还是清朝，都由于时代的限制或者统治者本身的不足，出现了这样那样的问题，也正是这些问题给我们留下了宝贵的经验和深刻的教训。

在本书行将结束的时候，我归纳一下我的观点。

明朝的灭亡，亡于多种因素，其中最核心的是连年自然灾害造成的农民起义和民族发展过程中非常常见的现象——周边少数民族（女真）的崛起。这两件事情是导致明朝在崇祯十七年

第十章 明朝之亡是亡国还是亡天下？

（1644）灭亡的直接原因。但是明朝灭亡还有其他的潜在原因和深层次原因，包括官场腐败、政府不思进取和在全球化过程中仍然封闭的表现。

无论是清朝还是明朝，都有它的问题。明清易代属于亡国，而不属于亡天下。清朝建立以后，对中国传统文化，当然有所抛弃，也有严苛的地方，但是它同样推进了中国传统文化的发展。

可是，这种推进恰恰违反了历史发展的趋势。

从明朝中期开始，整个中国社会已经逐渐融入全球化的进程。到了清朝，由于统治力量强大，很大程度上阻隔了中外的交流。

以明末徐光启和利玛窦翻译《几何原本》为例，可以说明这一点。

万历三十五年（1607），他们翻译出版了《几何原本》的前六卷，后来由于天下大乱，政局动荡，后几卷直到清朝咸丰七年（1857）才得以出版，整整推后了二百五十年。这二百五十年正是西方资本主义发展的二百五十年，也是中国和西方割离的二百五十年。当西方的坚船利炮兵临虎门、南京时，清朝完全束手无策。

以历史发展的进程来看，我认为明亡清兴是一个悲剧，但是

明朝为何说亡就亡

清朝在多民族统一国家的形成过程中也做出了重大贡献。我们分析一个时代时,需要客观和理性。我们要充分地评价、认可它所做的贡献,对于它遗留下的教训,也要充分汲取。

我想,这也是我们谈大明之亡的意义所在。

激发个人成长

多年以来，千千万万有经验的读者，都会定期查看熊猫君家的最新书目，挑选满足自己成长需求的新书。

读客图书以"激发个人成长"为使命，在以下三个方面为您精选优质图书：

1. 精神成长
熊猫君家精彩绝伦的小说文库和人文类图书，帮助你成为永远充满梦想、勇气和爱的人！

2. 知识结构成长
熊猫君家的历史类、社科类图书，帮助你了解从宇宙诞生、文明演变直至今日世界之形成的方方面面。

3. 工作技能成长
熊猫君家的经管类、家教类图书，指引你更好地工作、更有效率地生活，减少人生中的烦恼。

每一本读客图书都轻松好读，精彩绝伦，充满无穷阅读乐趣！

认准读客熊猫

读客所有图书,在书脊、腰封、封底和前后勒口都有"**读客熊猫**"标志。

两步帮你快速找到读客图书

1. 找读客熊猫

2. 找黑白格子